Inhalt

Vorwort zur zweiten Auflage 3

Einleitung: Eine Denkschrift über Deutschlands Zukunft 6
1. Befreiung und Neubeginn im Zeichen der Besatzungsherrschaft 9
2. Die Entstehung der Hessischen Verfassung 31
3. Rahmenbedingungen des Wiederaufbaus 48
4. Konflikt und Konsens in der Besatzungszeit 54

Zitierte und weiterführende Literatur 81
Bildnachweis 87
Der Autor 88

Eine wichtige Etappe auf dem Weg in die Demokratie: die ersten Nachkriegswahlen im ersten Halbjahr 1946, zu denen die neuen Parteien – wie hier in Frankfurt – auf einer Litfaßsäule ihre Wahlaufrufe plakatieren.

Vorwort zur zweiten Auflage

Das Land, wie wir es heute kennen, ist ein Produkt der Nachkriegszeit: Am 19. September 1945 unterzeichnete der Oberste Befehlshaber der amerikanischen Streitkräfte in Europa, General Dwight D. Eisenhower, die Proklamation Nr. 2. In Artikel 1 dieser Geburtsurkunde des Landes Hessen heißt es: „Innerhalb der amerikanischen Besatzungszone werden hiermit Verwaltungsgebiete gebildet, die von jetzt ab als Staaten bezeichnet werden; jeder Staat wird eine Staatsregierung haben." Das neue Land „Groß-Hessen" – wie es damals genannt wurde – umfasste, so wurde verfügt, die Gebiete „Kurhessen und Nassau (ausschließlich der zugehörigen Exklaven und der Kreise Oberwesterwald, Unterwesterwald, Unterlahn und St. Goarshausen) und Hessen-Starkenburg, Oberhessen und den östlich des Rheines gelegenen Teil von Rheinhessen".

In der Bewertung der Gründung ist sich die Geschichtswissenschaft uneins, ob Hessen ein Kunstprodukt der Besatzungszeit ist, ja gar einem Willkürakt einer unkundigen Militärregierung entsprang oder aber – konträr gesehen – die nachvollziehbare Vollendung einer längeren historischen Tradition darstellte und auf den Wünschen der Hessen basierte. Beide Ansichten haben teilweise etwas für sich, spiegeln in ihrer Ausschließlichkeit aber Gründe und Motivation der Landesschöpfung nur unzureichend wider. Obwohl letztlich die Amerikaner die eigentlichen Geburtshelfer des heutigen Hessen waren, so standen die Hessen doch als Eltern und Paten an der Wiege des neuen Landes, dessen nach dem Krieg zusammengefügte Territorien gemeinsame historische Traditions- und Entwicklungslinien vorweisen konnten, sodass der Zusammenschluss von 1945 in gewisser Weise zu Formen eines Zusammengehörigkeitsgefühls führte. „Separatistische" oder sich dem Gesamthessischen vehement verweigernde Bewegungen kamen nicht auf, auch wenn das Land eine Zusammenfügung unterschiedlicher Territorien war und dabei auch noch um wesentliche Teile (das volksstaatliche Rheinhessen und vier nassauische Kreise) beschnitten wurde. Obwohl es keine direkten „Vorläufer-Staaten" gab, so war das Land doch nicht vom besatzungsrechtlichen Himmel gefallen, quasi aus dem Nichts konstruiert.

Trotz alledem: Die Entscheidung vom September 1945 hat sich bewährt und Hessen sich als ein starker demokratischer Pfeiler der Bundesrepublik bewiesen. Dabei waren die Startvoraussetzungen für einen demokratischen Wiederaufbau nach zwölf Jahren

Diktatur und einem fünfeinhalbjährigen totalen Krieg katastrophal gewesen. Es gehört zum Eindrucksvollen der Zeit, dass bereits 20 Monate, nachdem die ersten US-Soldaten das Gebiet des heutigen Hessen betreten hatten, in diesem Land unter den Fittichen der amerikanischen Besatzungsmacht das krisensichere Fundament für einen demokratischen Verfassungsstaat gelegt wurde. Am 1. Dezember 1946 sprach sich eine breite Mehrheit der hessischen Bevölkerung für die von der gewählten Verfassungberatenden Landesversammlung verabschiedete Verfassung aus, die mit den Unterschriften der Kabinettsmitglieder vom 11. Dezember in Kraft gesetzt wurde. Die Verfassung von „Hessen" – wie das Land nun offiziell hieß – wies den Weg in eine Demokratie mit sozialstaatlicher Zielsetzung. Zu verdanken war dies jenen politischen Kräften der ersten Stunde, die sich über alle parteilichen Interessengegensätze hinweg an den Neubau der Demokratie machten. Sie legten 1946 den Grundstein zu einem erfolgreichen Demokratiemodell.

Die Hessische Verfassung erklärt die Würde und Persönlichkeit des Menschen zur unverrückbaren Grundlage der Sozial- und Wirtschaftsordnung und formuliert das Recht und die Pflicht zum Widerstand gegen diktatorische Bestrebungen und Verfassungsverletzungen. In der Verfassung manifestierte sich das Streben nach Chancengleichheit im Bildungswesen. Diese und weitere Bestimmungen offenbarten, dass die Verfassungsväter und -mütter die Lehren aus der Vergangenheit gezogen hatten. Ihnen stand immer vor Augen, warum die erste Republik gescheitert und in eine menschenverachtende Diktatur gemündet war. Sie hatten ihre Lehren aus der Geschichte gezogen.

Der 75. Jahrestag der Hessischen Verfassung ist ein guter Anlass, an die Begründung der zweiten Republik im hessischen Raum zu erinnern. Die Hessische Landeszentrale für politische Bildung (HLZ) regte eine Neufassung dieser Schrift an, nachdem die erste Auflage von 2005 zum 60. Geburtstag Hessens und ein unveränderter Nachdruck 2016 vergriffen waren. Die vorliegende Betrachtung verdankt ihre Entstehung einer Anregung von Renate Knigge-Tesche, der langjährigen Leiterin des Referats III der HLZ. Auch wenn die mehr als 15 Jahre alte Darstellung im Wesentlichen immer noch den aktuellen Stand der Forschung widerspiegelt, wurden einige wenige Passagen erweitert, auch aufgrund partieller neuer Erkenntnisse. Dies geschah in moderater Form, denn in der Essenz besitzt die Darstellung weiterhin Gültigkeit. Die Literaturliste wurde aktualisiert und um wichtige Neuerscheinungen ergänzt. Im Gegenzug wurden einige wenige ältere Werke herausgenommen. Manches Foto der ersten Auflage konnte nicht erneut abgedruckt werden, da die Rechte unklar blieben und sich jüngst die Copyright-Problematik verschärft hat. Um der Gefahr eines vermeintlich unrechtmäßigen Abdrucks und unabsehbaren Regressforderungen zu entgehen, musste auf einige Bilder verzichtet werden. Dafür kamen neue Abbildungen hinzu.

Alles in allem freut es mich ganz besonders, nach einem forschungsgeschichtlich eigentlich langen Zeitraum nunmehr eine erweiterte, nicht grundstürzend überarbeitete Fassung meiner Betrachtung des Demokratieaufbaus in Hessen präsentieren zu können.

Neckarsteinach, im März 2022
Walter Mühlhausen

Einleitung: Eine Denkschrift über Deutschlands Zukunft

Im Sommer 1942, zum Ende des dritten Kriegsjahres, verfasste der ehemalige Reichstagsabgeordnete Ludwig Bergsträsser eine für Widerstandskreise gedachte Denkschrift über den politischen Neuaufbau für die Zeit nach Hitler.[1] Der Archivar und Historiker, vormals Mitglied der liberalen Deutschen Demokratischen Partei (DDP), hatte sich gegen Ende der Weimarer Republik der SPD angeschlossen. Von den Nationalsozialisten sofort nach ihrer Machtübernahme als Mitarbeiter der Außenstelle des Reichsarchivs in Frankfurt am Main entlassen, leistete der mittlerweile in Darmstadt ansässige Pionier der modernen Parteienforschung[2] Kurierdienste zwischen sozialdemokratischen Emigrantengruppen in Frankreich und Widerstandszirkeln im Reich. Er entging mehrfach nur knapp der Verhaftung durch die Gestapo. Seine Denkschrift war für die Widerstandsgruppe um den ehemaligen hessischen Innenminister Wilhelm Leuschner (SPD) bestimmt. Darin entwickelte er den Plan, wie die Diktatur des nationalsozialistischen Deutschland zum demokratischen Verfassungsstaat zurückverwandelt werden könnte, wie die Demokratie nach Hitler wieder langsam aufzubauen war und welche verfassungsrechtlichen Bestimmungen aus der Weimarer Zeit man übernehmen sollte und welche nicht. Stillschweigend ging Bergsträsser von einer Restauration des parlamentarischen Systems in republikanischer Form mit einem Präsidenten an der Spitze aus. Dieser Präsident sollte – das war die historische Lektion aus der unheilvollen Wahl des kaiserlichen Feldherrn Paul von Hindenburg zum Reichspräsidenten im Frühjahr 1925 – allerdings nicht mehr vom Volk, sondern von Reichstag und Senat gewählt werden. Dem Senat, bestehend aus Vertretern der Selbstverwaltungskörper-

---

1   Die Denkschrift, auf der Bergsträsser 1947 handschriftlich notierte, dass er diese im Sommer 1942 verfasst habe, befindet sich in: Hessisches Landesarchiv/Hessisches Staatsarchiv Darmstadt, Nachlass Wilhelm Leuschner 45. Vgl. im Detail: Mühlhausen, Denkschrift.
2   1921 erschien seine grundlegende Studie: Ludwig Bergsträsser: Geschichte der politischen Parteien, Mannheim/Berlin/Leipzig 1921. Sie erlebte noch zu seinen Lebzeiten, von ihm selbst aktualisiert, die 10. Auflage. Die 11. (und letzte) Auflage erschien dann unter Bearbeitung von Wilhelm Mommsen 1965, nach Bergsträssers Tod. Vgl. zu seiner Biografie neben Zibell, Bergsträsser, die Einleitung zu seinem Tagebuch von 1945 bis 1948, veröffentlicht in: Bergsträsser, Befreiung, S. 10 ff.

schaften, dachte er ein Mitbestimmungsrecht bei Gesetzentwürfen zu. Die Rückkehr zu demokratischen Strukturen war aber nur die eine Seite, die Bergsträsser beleuchtete. Ebenso wichtig erschien ihm für die Stabilisierung einer zweiten Republik auf deutschem Boden die Erziehung der Bürger zur Demokratie: „So wichtig die […] Fragen der Organisation einer parlamentarischen Regierung sind, man wird sich darüber klar sein müssen, dass sie das Wesentlichste nicht betreffen. Man kann […] diese Regierung konstituieren, einsetzen, man hat damit allein noch keine Garantie für ihre Dauer." Und er fährt fort: „Wenn der Staatsbürger bestimmenden Anteil an der Regierung des Staates hat, muss er hierzu erzogen werden. […] Das parlamentarische System wird in Deutschland […] nur dann bestehen können, wenn man Staatsbürger vorbildet […]. Nur ein ausgedehntes staatsbürgerliches Bildungswesen wird dem deutschen Volke die Grundlage schaffen, auf der ein parlamentarisches System auf lange Zeit bestehen und fruchtbar arbeiten kann."[3]

Das waren Worte zu einer Zeit, als der deutsche Widerstand noch hoffen durfte, Hitler beseitigen zu können. Die Pläne zum Umsturz waren Bergsträsser wohl in den Grundzügen bekannt; Leuschners Aufforderung, bereit zu sein und nach einem erfolgreichen Attentat Führungspositionen zu übernehmen, wurde von ihm bejaht. Doch war er offensichtlich nicht in den Zeitpunkt eingeweiht, wann das Attentat ausgeführt werden sollte. Im Juli 1944 war Bergsträsser ahnungslos.[4]

Ludwig Bergsträsser (SPD), 1945–1948 Regierungspräsident von Darmstadt, 1946 Mitglied der Verfassungberatenden Landesversammlung und 1946–1949 des Landtages.

Bei einem erfolgreichen Putschversuch gegen das Hitler-Regime hätte Bergsträsser wohl einen hohen Posten im Reichskultusministerium erhalten. Doch dazu kam es nicht. Deutschland musste den Weg bis zur bitteren Kapitulation gehen, musste, seines

---

3   Denkschrift Bergsträssers [siehe Anm. 1].
4   Mühlhausen, Denkschrift, S. 605.

Endzeitstimmung: Die Amerikaner marschieren am 27. März in Bensheim ein. Weiße Bettlaken künden von der Kapitulation. Eine ältere Frau blickt verstört auf die Trümmer.

Selbstbestimmungsrechts verlustig, total darniederliegen, um aus den Trümmern des Krieges unter dem Schutzschirm der Siegermächte eine neue stabile Demokratie aufzubauen.

An der Demokratiegründung hatte Bergsträsser als Mann der ersten Stunde, als Präsident der Regionalregierung in Darmstadt, als Abgeordneter der Verfassungberatenden Landesversammlung in Hessen und als Mitglied des Parlamentarischen Rates in Bonn wesentlichen Anteil. Er war damit sowohl einer der Väter der Hessischen Verfassung von 1946 als auch des Grundgesetzes von 1949. Seine Denkschrift aus dem Jahr 1942 unter dem Titel „Wiederherstellung" hatte er mit den Worten „Erfahrung lehrt" begonnen. Welche Lehren zogen die Hessen aus der Geschichte, aus der Erfahrung vom Untergang der ersten deutschen Demokratie 1933, als sie nach dem leidvollen Erlebnis von zwölf Jahren unmenschlicher Diktatur 1945 an den Aufbau der zweiten Republik auf deutschem Boden gingen? Wie vollzogen sich die Befreiung und der demokratische Neuaufbau unter den Bedingungen der Besatzungsherrschaft? Wo lagen die Unterschiede und wo die Schnittmengen von amerikanischen und deutschen Interessen? Es geht dabei um das Maß von Eigenverantwortlichkeit der Deutschen und auch um die Frage, ob es überhaupt Anknüpfungspunkte aus der Zeit vor 1933 gab (Kap. 1).

Die Demokratiegründung in Hessen nach dem Zweiten Weltkrieg weist im Vergleich zu anderen Ländern Besonderheiten auf. Die Landesverfassung vom Dezember 1946 als gemeinsames Projekt der beiden stärksten Parteien SPD und CDU zeichnet sich durch starke soziale und wirtschaftsdemokratische Komponenten aus (Kap. 2). Die ersten Nachkriegsjahre mit schweren Rahmenbedingungen (Kap. 3) waren bis Ende 1950, aufbauend auf diesem historischen Verfassungskompromiss, geprägt von einer durchweg erfolgreichen Zusammenarbeit von SPD und CDU (Kap. 4). Bereits Ende 1946 war der Grundstein für eine parlamentarische Demokratie in Hessen gelegt.[5] Das war 20 Monate zuvor, beim Einmarsch der Amerikaner, keineswegs zu erwarten gewesen.

---

5 Siehe für das Thema grundlegend: Mühlhausen, Hessen 1945-1950; zur Einführung mit Quellen: Kropat, Stunde Null 1945/1947.

1. Befreiung und Neubeginn im Zeichen der Besatzungsherrschaft

Von Ende März bis Anfang April 1945 überrollten die amerikanischen Truppen das heutige Hessen. Am 22. März 1945 setzten Einheiten der 3. US-Armee bei Oppenheim über den Rhein und betraten damit erstmalig die Gebiete, die dann zu dem später aus der Taufe gehobenen Land (Groß-)Hessen gehören sollten. Keine drei Wochen später war das hessische Territorium komplett von amerikanischen Truppen besetzt. Der Krieg war zu Ende. Das Empfinden der Deutschen in diesem Moment war unterschiedlich: Für diejenigen, die im nationalsozialistischen Unrechtssystem aufgegangen waren und es bis zuletzt in tiefer Verblendung gestützt hatten, brach eine Welt zusammen; einige der lokalen und regionalen nationalsozialistischen Größen wählten mit ihren Familien den Freitod.

Das Sterberegister einer Kleinstadt vor den Toren Kassels verzeichnet für zehn Personen, darunter ein Kind, in den Tagen unmittelbar vor und nach dem Einmarsch der Amerikaner „Freitod durch Erschießen".

Diejenigen, die unter der Verbrecherherrschaft gelitten, sie mehr oder weniger aktiv bekämpft hatten, fühlten sich in diesem Moment befreit. Allgemein war die Masse der Bevölkerung froh über das Ende der Kampfhandlungen und vor allem erleichtert über das Ende des Bombenkrieges, dem man nun schon über Jahre hilf- und wehrlos ausgesetzt gewesen war. In das Gefühl des Aufatmens mischte sich Ungewissheit, was die nahe und ferne Zukunft bringen würde. Denn mit dem Einmarsch der Alliierten war nicht nur die nationalsozialistische Herrschaft beendet, sondern die Macht an die Siegermächte übergegangen.[6]

„Wir kommen als ein siegreiches Heer, jedoch nicht als Unterdrücker", ließ US-General Dwight D. Eisenhower als Oberbefehlshaber der alliierten Streitkräfte in seiner ersten Proklamation verkünden, die die US-Truppen in al-

---

[6] Zur amerikanischen Militärregierung in Hessen ausführlich: Emig/Frei, Office, siehe auch Walter Mühlhausen: Die amerikanische Militärregierung und der Aufbau der Demokratie im Nachkriegshessen, in: Berding/Eiler (Hrsg.), 60 Jahre, S. 3-34. Zum Kriegsende und zur Machtübernahme durch die Amerikaner vgl. Walter Mühlhausen: Zwischen Besetzung und Kapitulation. Hessen und das Ende des Zweiten Weltkriegs, in: Heidenreich/Brockhoff/Rödder (Hrsg.), Der 8. Mai, S. 11–28; für die Zäsur in diesen Tagen in der Großstadt beispielhaft siehe Lutz Becht: Kriegsende in Frankfurt am Main, in: ebd., S. 29-46.

Hinterlassenschaft des vom nationalsozialistischen Deutschland verursachten Weltkrieges: Das Bombeninferno hat einst blühende Innenstädte wie die Kassels (oben) in Trümmerwüsten verwandelt. Auch mittlere Städte wie Gießen (unten links) und Fulda (unten rechts) sind stark zerstört worden.

1. Befreiung und Neubeginn im Zeichen der Besatzungsherrschaft

Die amerikanische Armee hat die letzte große Hürde vor dem Marsch in das Herz Deutschlands genommen: den Rhein. Eine Behelfsbrücke bei Oppenheim sichert den Nachschub.

US-Truppen auf Kassels Prachtstraße, der Wilhelmshöher Allee.

Begegnung von Siegern und Besiegten auf der Autobahn bei Gießen: die hochmilitarisierten US-Truppen auf dem Vormarsch, die geschlagenen deutschen Soldaten zu Fuß auf dem Weg in die ungewisse Zukunft.

Erschöpfte amerikanische Soldaten auf ihrem raschen Vormarsch durch Hessen.

Amerikanische Truppen in Fulda.

len besetzten Orten plakatierten. In Hessen hatten jetzt die Amerikaner das Sagen, die ihre Besatzungszone mit einem dichten Netz von Militärregierungseinheiten überzogen.

Die Besatzung aber war nicht ohne deutsche Politiker zu bewältigen. Umgehend nach dem Einmarsch installierten die Militärregierungen – zunächst in den Gemeinden und Kreisen – deutsche Behörden, geführt von unbelasteten Persönlichkeiten. Mancher der jetzt auf einen leitenden Verwaltungsposten gesetzten Deutschen war von örtlichen geistlichen Würdenträgern empfohlen worden – wie der Darmstädter Sozialdemokrat Ludwig Metzger. Dieser hatte die letzten Kriegstage im Odenwald verbracht, war kurz vor der Besetzung durch die Amerikaner nach Darmstadt zurückgekehrt, dessen nationalsozialistischer Oberbürgermeister sich davongestohlen hatte und sich dann selbst richten sollte. Metzger wurde sein Nachfolger. Der amerikanische Kampfkommandant rief ihn am Abend des 25. März, einen Tag nach dem Einzug in die Stadt, in das Schloss, in dem die Amerikaner Quartier bezogen hatten. Es ging um die Besetzung der Leitung der Stadtverwaltung; Metzger erinnert sich: „Der evangelische Pfarrer Weinberger, bei dem ich morgens im Gottesdienst war, und der katholische Pfarrer Michel hatten ihm auf Befragen meinen Namen genannt. Ich verließ das Schloss mit dem Auftrag, die Leitung der Stadt als Bürgermeister zu übernehmen."[7]

Es gab auch einige, die sich aus Angst dem Auftrag der Amerikaner, vor der endgültigen Kapitulation einen führenden Posten zu übernehmen, verweigerten. In Frankfurt fürchtete ein von deutscher Seite vorgeschlagener und wohl auch von den Amerikanern akzeptierter Kandidat um seine Familie, die sich im noch nicht befreiten Teil des Reiches befand, sobald seine Ernennung dort bekannt werden würde.[8] Die ohne weitreichende Nachforschungen erfolgte Berufung Metzgers war keineswegs untypisch, ja eher die Regel. Die weißen Listen der Militärbehörden mit den vertrauenswürdigen Gegnern des Nationalsozialismus, denen man bestimmte Aufgaben in der Besatzungszeit zuweisen wollte, waren vielfach nicht mehr auf dem neuesten Stand. Auch die Besetzung des leitenden Postens bei der Darmstädter Regionalregierung erfolgte eher zufällig. Metzger hatte Bergsträsser als Verbindungsmann zwischen Besatzungstruppe und Stadtverwaltung gewonnen. Geraume Zeit später wurde dieser Leiter der südhessischen Regionalregierung. Wieder ging es sehr rasch und recht unorthodox zu,

---

7 Metzger, In guten und in schlechten Tagen, S. 80; vgl. Király, Metzger, S. 156.
8 Mühlhausen, IHK Frankfurt, S. 13.

wie Bergsträsser es später schilderte: „Einige Tage später war eine Besprechung zwischen dem Bürgermeister und mir auf der einen und dem Obersten und dem Major auf der anderen Seite, wobei sie uns sagten, dass sie beschlossen hätten, für das Gebiet der Provinz Starkenburg eine Zivilregierung einzusetzen. Wen wir vorschlagen würden? Der Bürgermeister nannte mich, sie stimmten zu, und so übernahm ich am 14. April, als noch Krieg war, diese Aufgabe."[9]

Gewiss war Bergsträsser als Verfasser der Parteiengeschichte und ehemaliger Reichstagsabgeordneter kein unbeschriebenes Blatt, aber eine „Eignungsprüfung" für eine solch exponierte Verwaltungsfunktion hatte er, Mann der historischen Forschung und der Archivakten, gewiss nicht abgelegt. Aber wie viele andere, die jetzt in herausragende Positionen gelangten, wuchs auch er mit der Aufgabe, sehr zur Zufriedenheit der Amerikaner.

Manch einer der recht schnell Erwählten stellte sich als glatter Fehlgriff heraus: Einige der neuen Verwaltungsträger erwiesen sich der Aufgabe nicht gewachsen. Andere wiederum boten den Amerikanern Paroli, welche dann einen hartnäckigen neuen Verwaltungschef mitunter gern aus dem Amt befördern wollten. Die Gründe für einige spektakuläre Wechsel der ersten Monate in den oberen Verwaltungsetagen lassen sich nicht immer exakt eruieren. In Frankfurt bestimmten die Amerikaner den im Büro der Militärregierung wegen der Herausgabe einer Zeitung vorsprechenden Journalisten Wilhelm Hollbach kurzerhand zum neuen Oberbürgermeister. Doch schon nach wenigen Wochen setzten sie ihn vor die Tür, weil er in ihren Augen die Anforderungen nicht erfüllte. Es will aber scheinen, dass er zu oft Widerspruch angemeldet hatte, sodass er den Amerikanern zu unbequem war.[10]

Schlüchtern, Stadt an der Kinzig mit etwa 5.000 Einwohnern, verzeichnete 1945 allein sechs Bürgermeister und dürfte damit im Bäumchen-Wechsel-Dich-Spiel in den Chefsesseln der Rathäuser des ersten Nachkriegsjahrs unter den Kommunen ganz weit vorn gelegen haben. Hanau brachte es bis zu den ersten Kommunalwahlen im Mai 1946 immerhin auf vier Wechsel.

Doch in der Mehrzahl erwiesen sich die neuen Bürgermeister als treffliche Wahl, insbesondere wenn die Besatzungsbehörden auf Politiker zurückgriffen, die schon in Weimar Verantwortung getragen hatten und Erfahrung im politischen Verwaltungshandeln mitbrachten. Das gilt zum Beispiel für Wiesbaden,

---

9 So Bergsträsser 1957; wieder zitiert in: Bergsträsser, Befreiung, S. 15.
10 Bendix, Hauptstadt, S. 23 ff.; Becht, Zwischen Besatzung, S. 231.

wo die Amerikaner den ehemaligen Oberbürgermeister Georg Krücke wieder einsetzten. Er war 1933 von den Nationalsozialisten aus dem Amt gejagt worden, das er seit 1930 inne gehabt hatte.[11]

Die neuen Machthaber dachten beim Aufbau neuer deutscher Verwaltungen nicht daran, die ein Jahr zuvor vollzogene Teilung der preußischen Provinz Hessen-Nassau in zwei Provinzen fortleben zu lassen. So beriefen die Amerikaner am 14. April 1945 den Sozialdemokraten Ludwig Bergsträsser in Darmstadt zum Regierungschef, der zunächst nur für die hessische Provinz Starkenburg, dann insgesamt für alle Teile des ehemaligen Volksstaates Hessen zuständig war, die in der US-Zone lagen. Anfang Mai wurde Fritz Hoch (SPD), Sohn des im KZ ermordeten langjährigen Hanauer Reichstagsabgeordneten Gustav Hoch, Ober- und Regierungspräsident in Kassel, der damit in erster Eigenschaft der gesamten (alten) Provinz Hessen-Nassau vorstand. In Wiesbaden ernannten die Amerikaner für den dortigen Regierungsbezirk den ehemaligen Reichsrundfunkkommissar Hans Bredow am 1. Mai zum Regierungspräsidenten, der jedoch schon am 4. August durch seinen Stellvertreter Martin Nischalke (SPD), der von den Nationalsozialisten aus dem Schuldienst geworfen worden war, ersetzt wurde.

Die Frage, was mit den ungleichen Bezirken dauerhaft geschehen sollte, war eng verknüpft mit der Zoneneinteilung. Bereits im Herbst 1944 hatten die Vereinigten Staaten, die Sowjetunion und Großbritannien die Teilung Deutschlands in drei Zonen beschlossen. Auf der Konferenz von Jalta im Februar 1945 vereinbarten sie, auch Frankreich eine Zone zuzuweisen, die aus Teilen der britischen und amerikanischen Besatzungsgebiete bestehen sollte. Die Franzosen bekamen linksrheinische Gebiete, darunter Rheinhessen, zugesprochen. Ihre Forderung nach weiteren rechtsrheinischen hessischen Bezirken, die in der US-Zone lagen, stieß auf strikte Ablehnung der Amerikaner, die Frankreich lediglich vier nassauische Kreise östlich des Rheins zubilligten: Oberwesterwald, Unterwesterwald, St. Goarshausen und Unterlahn. Zu weiteren Konzessionen waren sie nicht bereit und nahmen andernorts konsequent den Rhein als Grenze: Die rechtsrheinischen Mainzer Stadtteile Kastel (mit Amöneburg) und Kostheim fielen unter Wiesbadener Obhut. Die mit dem Zonenprotokoll geschaffene besatzungsrechtliche Gliederung Deutschlands bestimmte die Ländergrenzen. Die Trennlinie zwischen französischer und amerikanischer Zone wurde schließlich zur dauerhaften Grenze zwischen den später gegründeten Ländern Hessen und Rheinland-

---

11 Glaser, Wiesbaden, S. 47 ff.

Pfalz. Kurz nach der Einigung über die Zonengrenzen verfügte die amerikanische Militärregierung am 24. Juni 1945 die Bildung von zwei Ländern in den hessischen Gebieten: Hessen-Nassau und Hessen (-Darmstadt). Sie ignorierte damit die schon bald nach Kriegsende von hessischer Seite unterbreiteten Vorschläge, die hessischen Gebiete zu einem Land zu vereinigen. Die Idee eines geeinten Hessen konnte auf eine lange Tradition zurückblicken, war in der Weimarer Republik intensiv diskutiert, aber nicht realisiert worden.[12] Die „Groß-Hessen-Pläne" besaßen angesichts des totalen Zusammenbruchs 1945 ihre bislang größte Chance zur Verwirklichung, zumal politische, wirtschaftliche und historische Gründe für eine Vereinigung der hessischen Gebiete sprachen.[13]

Auch wenn die Amerikaner keineswegs rundum glücklich mit der eigenen Juni-Entscheidung waren, so wollten sie diese ohne Kenntnis der Einstellung der Bevölkerung nicht umwerfen. In diesem Moment kamen die hessischen Initiativen zum Tragen. Bergsträsser wurde nicht müde im Werben für ein geeintes Hessen. Schon im Mai 1945 hatte er ein Memorandum an die Militärregierung gerichtet, in dem er die Bildung einer Provinz Rhein-Main, bestehend aus dem Volks-staat Hessen, dem preußischen Regierungsbezirk Wiesbaden (zuletzt Provinz Nassau) und dem Aschaffenburger Mainviereck, vorschlug. Diese Anregung war zu diesem Zeitpunkt keineswegs einzigartig. Sie gehörte in den Rahmen der deutschen Bestrebungen, die totale Niederlage zu einer territorialen Flurbereinigung zu nutzen, größere Verwaltungseinheiten zu schaffen und insgesamt durch etwa gleich große Länder das künftige Reich zu homogenisieren. Die Chance sollte nicht wieder wie 1918/19 bei der Republikgründung verpasst werden. Eine der wesentlichen Voraussetzungen hierfür war die Zerschlagung des übermächtigen Preußens. Dass Preußen nach dem Ersten Weltkrieg unangetastet geblieben war, erschien vielen rückblickend als schwere Belastung von Weimar. Der Fortbestand Preußens stand nach dem Zweiten Weltkrieg eigentlich nicht mehr im Raum: Die Sieger wollten den Machtkomplex zerschlagen, was durch die Zoneneinteilung faktisch bereits erfolgt war. Offiziell lösten die Alliierten Preußen 1947 auf.

Nach der Juni-Entscheidung intensivierten die Hessen ihre Groß-Hessen-Aktivitäten, auch Bergsträsser. Die Handlungsfähigkeit seiner Darmstädter Regierung wurde erschwert durch die anfangs ungeklärte Stellung

---

12 Vgl. hierzu im Überblick: Mühlhausen, Hessen in der Weimarer Republik, S. 111 ff.
13 Vgl. detailliert zur Landesgründung mit den entsprechenden Quellen: Mühlhausen, Entscheidung; Überblick in dem „Blickpunkt"-Heft Mühlhausen, Gründung.

1. Befreiung und Neubeginn im Zeichen der Besatzungsherrschaft

der Kreise im Frankfurter Umland, welche die Amerikaner zu einem weiteren Regierungsbezirk in Hessen-Nassau zusammenfassen wollten. Die Gebietsverluste ließen Bergsträsser zum Vorreiter einer Revision werden, da sein Hessen zu klein war, um in einem künftigen föderalen Deutschland selbstständig existieren zu können. Er sandte weitere Denkschriften an die Militärregierung, in denen er die Idee eines Groß-Hessen unterbreitete. Er war nicht der einzige, der in dieser Sache vorstellig wurde, aber sicherlich zählte er zu denjenigen, deren Stimme aufgrund der exponierten Stellung bei den Amerikanern einiges Gewicht besaß.

Erst als Umfragen der Besatzungsmacht eine breite Zustimmung für ein „Groß-Hessen" ermittelt hatten, gaben die Amerikaner ihr Einverständnis. Der Weg zur Vereinigung war frei. Am 19. September 1945 unterzeichnete General Dwight D. Eisenhower, amerikanischer Militärgouverneur in Deutschland, die Proklamation Nr. 2, die Geburtsurkunde des Landes Groß-Hessen, das aus den in der amerikanischen Zone liegenden Teilen der vormaligen preußischen Provinz Hessen-Nassau und des ehemaligen Volksstaates Hessen bestehen sollte. Nicht zum Land gehörten die hessischen Territorien im französischen Besatzungsgebiet: Rheinhessen und die vier nassauischen Kreise im Bezirk Montabaur. Der Name des neu-

Die Geburtsurkunde des Landes Hessen: Mit der Proklamation Nr. 2 verkündet US-Militärgouverneur Dwight D. Eisenhower am 19. September 1945 unter anderem die Gründung von Groß-Hessen.

en Landes „Groß-Hessen" wurde mit Annahme der Landesverfassung Ende 1946 offiziell in „Hessen" geändert. Die Zusammenfügung der hessischen Gebiete war eine Entscheidung, die von den Amerikanern unter Berücksichtigung deutscher Interessen gefällt wurde und daher von Dauer sein sollte. Denn dieses im September 1945 durch einen Verwaltungsakt der Besatzungsmacht geschaffene neue Land blieb im Wesentlichen in seiner Struktur erhalten, auch wenn Politiker des Landes immer wieder die Rückführung der zu Rheinland-Pfalz gehörenden vormals hessischen Bezirke forderten. Die Debatte um eine Länderneugliederung im Rahmen der Gründung der Bundesrepublik führte 1948/49 ebenfalls zu keinem Ergebnis. Es waren gerade die Hessen, die den alliierten Auftrag in den Frankfurter Dokumenten vom 1. Juli 1948, wonach die Ländergrenzen zu überprüfen waren, zu einer territorialen Revision nutzen wollten. Dafür ließ sich im Kreise der westdeutschen Länder aber keine Mehrheit gewinnen.[14]

Doch zurück zum Herbst 1945. Die mit der Bildung des Landes virulente Hauptstadtfrage lösten die Amerikaner rein pragmatisch. Die Entscheidung für Wiesbaden fiel aus zwei Gründen: Zum einen war die alte nassauische Residenzstadt weit weniger zerstört als die anderen hessischen Großstädte, vor allem als Frankfurt, in dieser Frage stärkster Konkurrent. Zum anderen wurde die Militärregierungseinheit von Oberst James R. Newman, die einige Wochen zuvor nach Wiesbaden gekommen war, wegen ihrer bislang vorzüglichen Arbeit von den obersten Stäben der Amerikaner zur amerikanischen Zentralbehörde in Hessen bestimmt. Newmans Einheit war nach der Einteilung in Zonen aus Neustadt in der Pfalz, das nun unter französische Obhut fiel, gekommen, wo sie die erste deutsche Regionalregierung eingesetzt hatte.

Nach der Bestimmung dieser Einheit zur Landesmilitärregierung, zum Office of Military Government for Greater Hesse (OMGH), war es ihre erste Aufgabe, eine zivile Landesregierung zu bilden. Um eine langwierige Suche nach Ministern zu vermeiden, hofften die Amerikaner, für die Ministerposten in Hessen Politiker aus der aufgelösten Neustädter Regierung zu gewinnen. Als Regierungschef wurde der Sozialdemokrat Hermann Heimerich, 1928 bis 1933 Oberbürgermeister von Mannheim, in Aussicht genommen, der Chef der Neustädter Regierung gewesen war. Er wurde fallen gelassen, weil es gegen ihn starke Widerstände aus Hessen gab, vor allem von den dortigen Sozialdemokraten, angeführt

---

14 Vgl. aus hessischer Sicht zur Länderneugliederung im Zuge der Weststaatgründung: Mühlhausen, Länder zu Pfeilern, S. 113 ff.; im Überblick: Mühlhausen, Hessen und der Weg, S. 33 ff.

vom ambitionierten Bergsträsser, der aber auch nicht zum Zuge kommen sollte. Denn Newman glaubte sich aus diesem Dilemma nur befreien zu können, indem er eine parteipolitisch „neutrale" Persönlichkeit mit der Regierungsbildung betraute. Seine Wahl fiel auf den 67-jährigen Heidelberger Rechtsanwalt und Professor Karl Geiler, der aus dem Kreis der Neustädter vorgeschlagen worden war. Geiler, einer der renommiertesten deutschen Wirtschaftsanwälte der Weimarer Zeit, schien all die Eigenschaften zu besitzen, die in den Augen der Amerikaner für die Leitung eines ersten Allparteienkabinetts erforderlich waren: Autorität, Kompetenz, Sachverstand und die nötige Portion „Dickhäutigkeit" – wie es in einem amerikanischen Bericht hieß. Er besaß das Renommee eines herausragenden Rechtsanwalts und Universitätslehrers, der zwar nicht wie andere Politiker der ersten Stunde mit der Berechtigung auftreten konnte, das andere Deutschland des aktiven Widerstands und der Emigration zu repräsentieren, der aber immerhin das nationalsozialistische Unrechtssystem entschieden abgelehnt und unter ihm gelitten hatte. Die Nationalsozialisten hatten ihn im Juli 1939 als Honorarprofessor von der Universität Heidelberg vertrieben, galt er – mit einem „jüdischen Mischling" verheiratet – doch als „jüdisch versippt", wie

Die Regierung Geiler bei einer Kabinettssitzung; rund um den Tisch (im Uhrzeigersinn v. l.): Befreiungsminister Gottlob Binder (SPD), Innenminister Hans Venedey (SPD), Minister ohne Geschäftsbereich Werner Hilpert (CDU), Ministerpräsident Karl Geiler (parteilos), Landwirtschaftsminister Georg Häring (SPD), Finanzminister Wilhelm Mattes (parteilos).

es im Sprachgebrauch des Unrechtsregimes hieß.[15] Sein Habitus, seine Universalität und juristische Versiertheit prädestinierten ihn für eine Führungsrolle im Nachkriegsdeutschland. Politik war jedoch kein Geschäft, das ihm vertraut war und das er erlernt hatte. Der Kandidat war parteipolitisch nicht gebunden, was die Amerikaner als Vorteil werteten, denn dadurch glaubten sie vermeiden zu können, dass sich eine der neu entstandenen Parteien benachteiligt fühlte. Die erste hessische Nachkriegsregierung trat ihr Amt knapp ein halbes Jahr nach der Befreiung vom nationalsozialistischen Joch an. Am 16. Oktober 1945 wurde Geiler im Wies-

---

15 Mühlhausen, Geiler und die Universität, S. 332 f.

badener Landeshaus feierlich vorgestellt. Am Kabinettstisch saßen Fachleute und Parteivertreter unterschiedlichster Couleur, vom Rechtsliberalen bis zum Kommunisten.

Zu ihnen gehörte der aus Sachsen stammende Buchenwald-Häftling Werner Hilpert[16], nach dem Krieg lange Jahre Landesvorsitzender der CDU in Hessen, der ehemalige Stadtrat in Kassel Georg Häring (SPD) sowie der vormalige preußische Landtagsabgeordnete und Organisationsleiter der KPD in Hessen, Oskar Müller, der einige Jahre in den Konzentrationslagern Sachsenhausen und Dachau verbracht hatte, nachdem die Nationalsozialisten den Widerstandskämpfer bereits 1933 gefasst hatten. Innenminister wurde der aus dem Exil in der Schweiz nach Hessen gelangte und vor 1933 in Konstanz ansässige Emigrant Hans Venedey (SPD). Als Befürworter einer Einheitspartei aus SPD und KPD gehörte er nach 1945 zu den Außenseitern innerhalb der Sozialdemokratie und musste, nachdem er aus der Partei ausgeschlossen worden war, sein Ministerium im Juli 1946 abgeben.[17] Auf ihn folgte im August 1946 Heinrich Zinnkann, in der Weimarer Zeit lange Jahre Landtagsabgeordneter der SPD im Volksstaat und dort von 1931 bis 1933 Fraktionsvorsitzender. Der SPD-Mann Gottlob Binder, vor 1933 in der Arbeiterbewegung Bielefeld tätig und 1942 ins Hessische gekommen, als Minister für Wiederaufbau und politische Bereinigung, der liberale Rudolf Mueller, Sohn des gleichnamigen Darmstädter Oberbürgermeisters am Ende der ersten Republik, als Wirtschaftsminister sowie der ehemalige badische Finanzminister Wilhelm Mattes auf dem gleichen Posten in Wiesbaden komplettierten die Ministerriege.[18]

Fehlgriffe korrigierten die Amerikaner sogleich oder wenig später: Sie zogen den als neuen Justizminister vorgesehenen Robert Fritz, den parteilosen ehemaligen Hanauer Landgerichtsdirektor, nach 14 Tagen schon wieder zurück. An seine Stelle trat der Sozialdemokrat Georg August Zinn, 1929 bis 1933 Stadtverordneter der SPD in Kassel, der als Ministerpräsident ab 1950 für fast zwei Jahrzehnte an der Spitze des Landes stehen sollte.

Obwohl im ersten hessischen Nachkriegskabinett ein breites politisches Spektrum vertreten war, herrschte dennoch am Regierungstisch weitgehend Übereinstimmung in den Sachfragen, wurden Beschlüsse einstimmig

---

16 Vgl. Pappert, Werner Hilpert; einführend Walter Mühlhausen: Werner Hilpert (1897-1957), in: Heidenreich/Mühlhausen (Hrsg.), Einheit, S. 245-271.
17 Kitzing, Hans Venedey.
18 Zur Bildung der Regierung die Einleitung zu: Die Kabinettsprotokolle der Hessischen Landesregierung. Kabinett Geiler, S. XVI ff.

1. Befreiung und Neubeginn im Zeichen der Besatzungsherrschaft

oder zumindest mit großer Mehrheit gefasst. Die Erinnerung an zwölf Jahre Diktatur überdeckte zunächst die parteipolitischen Interessengegensätze. Aus dem Gegeneinander vor 1933 wurde ein Miteinander im Dienst der Demokratie. Im zerstörten Deutschland nach einer menschenverachtenden Diktatur dominierte der Wille zum gemeinsamen Aufbau, über parteipolitische Fronten hinweg, zur Errichtung einer Demokratie auf soliden Pfeilern. Der Grundkonsens über Werte und Ziele war das einigende Band, welches in den Zirkeln des Widerstandes, in den Konzentrationslagern, im Exil und in der Verfolgung entstanden war und bis in die Nachkriegszeit erhalten blieb. Die erste hessische Landesregierung verstand sich in der Übergangsphase als Scharnier zwischen dem Ende der Diktatur und dem Neuaufbau der Demokratie. Gleichwohl war sie belastet durch ihre mangelnde demokratische Legitimation. Sie schöpfte ihre Handlungsvollmacht aus dem Besatzungsrecht, war direkt von der Besatzungsmacht abhängig. Das musste nahezu zwangsläufig zu Konflikten mit den auf Mitbestimmung drängenden neuen politischen Kräften führen, die sich allmählich wieder überall organisierten.

Der Demokratieaufbau vollzog sich in jenen Bahnen, welche die Amerikaner vorgaben. Die Deutschen sollten langsam wieder an die Demokratie herangeführt werden. So waren parteipolitische Aktivitäten zunächst offiziell verboten. Unmittelbar nach Kriegsende hatten sich jedoch spontan sogenannte „Antifaschistische Ausschüsse" formiert, in denen Widerstandsgruppen und Verfolgte des Nazi-Regimes agierten. Die Antifas waren Ausdruck des über die Parteigrenzen hinwegreichenden Willens, den Neuaufbau gemeinschaftlich zu bewerkstelligen; sie halfen – stillschweigend von den Besatzungsbehörden geduldet – im eng begrenzten lokalen Rahmen bei der Bewältigung der drängenden Aufgaben in den ersten Wochen nach der Befreiung und sorgten für die Aufrechterhaltung von Ruhe und Ordnung. Sie lösten sich jedoch mit der Zulassung der Parteien rasch wieder auf. Ab August 1945 durften sich auf lokaler Ebene Parteien (wie auch Gewerkschaften) wieder bilden.

Die Gründung und Entwicklung von Parteien setzte die Herstellung einer demokratischen Öffentlichkeit voraus, vor allem die Schaffung eines demokratischen Pressewesens als unverzichtbarer Bestandteil pluralistischer Streitkultur. Zum 1. August 1945 erschien als erste lizenzierte deutsche Zeitung die „Frankfurter Rundschau". Nach und nach folgten in den anderen hessischen Städten weitere Zeitungen, deren Herausgeberkollegien von den Amerikanern parteipolitisch ausgewogen – zunächst unter Einschluss der

Militärregierung Deutschland-Amerikanische Zone
Stadtkreis Frankfurt am Main

Bekanntmachung

Bildung von politischen Parteien

Die Bildung von demokratischen politischen Parteien ist der deutschen Bevölkerung jetzt gestattet.

Der förmliche Antrag muß bei der Militärregierung gestellt werden. Mit seiner Genehmigung ist die Erlaubnis für die betreffenden Parteien zu Versammlungen und öffentlicher Aussprache verbunden.

Diese Bekanntmachung tritt am 2. September 1945 in Kraft.

Frankfurt am Main, den 1. September 1945

Im Auftrage der Militärregierung

Erlaubnis der US-Militärregierung für den Stadtkreis Frankfurt zur Bildung von politischen Parteien als Träger des demokratischen Wiederaufbaus.

1. Befreiung und Neubeginn im Zeichen der Besatzungsherrschaft

Kommunisten – besetzt wurden, weil sie eine parteilich-einseitige Presse von vornherein ausschließen wollten. Am 1. Juni 1945 war bereits „Radio Frankfurt" als Sender der Militärregierung in den Äther gegangen, der dann ab 1949 unter deutscher Leitung zum „Hessischen Rundfunk" wurde. Dabei hatten die Amerikaner mit dem Ziel, „die Epoche des Staatsrundfunks aus der Zeit der Weimarer Republik und der NS-Diktatur" zu beenden, auf Selbstverwaltung des Rundfunks gedrängt. Das sahen die Hessen ebenso und schufen ein Rundfunkgesetz, das den Vertretern von gesellschaftlichen Institutionen und Verbänden eine klare Mehrheit im Rundfunkrat einräumt.[19]

Zunächst begegnete die Militärregierung den neuen politischen Organisationen mit einigem Misstrauen, überwachte durch ein umfassendes Zulassungsverfahren den Gründungsprozess und hielt dauerhaft ein Kontrollsystem aufrecht. Zum Jahreswechsel 1945/46 hatte sich landesweit ein über die gesamte Besatzungszeit bestehendes Vier-Parteien-System etabliert.[20] Das war das Ziel der Amerikaner gewesen.

Als erste waren die Sozialdemokraten und Kommunisten wieder zur Stelle. Sie knüpften organisatorisch an die Zeit vor 1933 an. Die SPD wehrte die kommunistischen Angebote zur Bildung einer Einheitspartei rigoros ab. Für die KPD war die Bildung einer sozialistischen Einheitspartei eine historische Lektion: Um eine „Wiederholung der Fehler von 1918 zu vermeiden", sollten die demokratischen Kräfte unter der Führung einer geeinten Arbeiterpartei gebündelt werden.[21] Aber die Sozialdemokraten in Hessen standen hinter den Resolutionen des Jahreswechsels 1945/46, mit denen die von Kurt Schumacher geführte westzonale SPD die Bildung einer SED unter Aufgabe sozialdemokratischer Politik und Organisation entschieden abwehrte. Die hessischen Sozialdemokraten zogen schließlich einen scharfen Trennungsstrich zur KPD, nachdem in der sowjetischen Zone im April 1946 unter erheblichem Druck der Besatzungsmacht und der Kommunisten die Sozialistische Einheitspartei Deutschlands (SED) aus SPD und KPD gebildet worden war. Die Ablehnung der Einheitspartei bedeutete aber nicht gleichzeitig Ablehnung jeglicher Koopera-

---

19 Vgl. dazu Jens Flemming: „Ein sauberes Programm, aus sauberer Gesinnung geboren". Radio Frankfurt und Hessischer Rundfunk, in: Berding/Eiler (Hrsg.), 60 Jahre, S. 345–367.
20 Siehe hierzu und zur Parteigründung im Überblick: Mühlhausen, Hessen 1945–1950, S. 74 ff.
21 So in einem KPD-Grundsatzpapier zu Verfassungsfragen; in: Die Entstehung der Hessischen Verfassung, S. 324.

tion mit der KPD. Mit den führenden Kommunisten in Hessen wie Walter Fisch, Leo Bauer und Oskar Müller glaubte ein Mann wie Bergsträsser zusammenarbeiten zu können, wenn nicht die „Schreier" da wären.[22] Die KPD des Westens geriet jedoch mit zunehmender Dauer immer stärker in das Fahrwasser der Ost-Berliner SED-Parteiführung und verlor im sich verstärkenden Ost-West-Konflikt als Vasall Moskaus zusehends an Glaubwürdigkeit.

Dass die SPD organisatorisch das Alte wieder aufleben ließ, war manch einem ein schlechtes Omen: „[...] man hat den Eindruck, der Zug fährt dort weiter, wo er im Jahre 1933 entgleist ist, und mit einem merkwürdigen Sinn für Tradition nimmt man auch das gesamte Fahrpersonal wieder, das damals die Entgleisung verursachte", polemisierte Heinrich von Brentano, einer der führenden Köpfe der hessischen CDU und später Bundesaußenminister, noch im November 1947.[23] Es würde der SPD kaum gerecht werden, sie als alten Aufguss zu charakterisieren. Sie zog die Lehren aus der Vergangenheit vor allem in programmatischer Hinsicht. Für sie kam es ganz entscheidend darauf an, die politische Demokratie durch eine Wirtschaftsdemokratie zu flankieren und abzusichern, eben jetzt all das zu schaffen, was an wirtschaftspolitischen Reformen in der Republik von Weimar nicht gelungen war und was sie mitverantwortlich für deren Untergang von 1933 machte. Dazu gehörten in erster Linie inner- und überbetriebliche Mitbestimmung, die Sozialisierung der wichtigsten Industriesparten und eine maßvolle Wirtschaftsplanung.

Im bürgerlichen Spektrum zeigten sich fundamentale organisatorische Änderungen. Hier entstanden zwei vollkommen neue Parteien. Die Zentrumspartei überwand nun ihre konfessionelle Einseitigkeit und trat aus dem katholischen Turm heraus. Es gab christliche Politiker etwa in Frankfurt, welche die parteipolitische Zerfaserung von Weimar durch eine sogenannte „Sozialistische Einheitspartei" aus Christen und Sozialisten, namentlich aus den Resten von SPD und KPD sowie den linken Kräften im Zentrum überwinden wollten.[24] Das erwies sich schon bald als illusorisch, wollten doch die Sozialdemokraten ihre alte Partei wieder aufleben lassen. Die Mehrzahl der vormaligen Zentrumspolitiker erblickte nach dem Nationalsozialismus die Chance, nun endlich

---

22 Bergsträsser, Befreiung, S. 130: Aufzeichnung vom 19. Mai 1946.
23 Mühlhausen, Brentano, S. 70.
24 Etwa vom spiritus rector der Frankfurter CDU-Gründung, dem Journalisten Walter Dirks; vgl. Rotberg, Linkskatholizismus, S. 108. Vgl. zu den einzelnen christdemokratischen Zirkeln: Rüschenschmidt, Gründung.

die konfessionelle Gebundenheit der Zeit vor 1933 zu überwinden und den Weg zu einer christlichen Sammlungspartei zu gehen. Die neue Christlich-Demokratische Union (CDU) umfasste als überkonfessionelle Sammlungsbewegung ganz unterschiedliche Interessen. Zu ihr fanden zum einen Gruppen mit einem ausgesprochen sozialen oder gar sozialistischen Profil wie in Frankfurt, wo unter Führung von Intellektuellen wie Walter Dirks und Eugen Kogon das Konzept eines „Sozialismus aus christlicher Verantwortung" entwickelt wurde[25], zum anderen aber auch solche mit konsequent wirtschaftsliberalen Zielen. Das äußerst heterogene Bild der lokalen CDU-Gründungen in Hessen komplettierte der Zirkel in Darmstadt, wo die von Maria Sevenich wesentlich geprägte „Deutsche Aufbau-Bewegung" eine Sonderstellung einnahm. Sie wurzelte in einer missionarisch-ökumenischen Bewegung, die sich selbst konservativ verortete und ihr Schwergewicht auf die Anwendung christlicher Prinzipen legte. Aber insgesamt dominierten in der CDU jene Kräfte, welche die neue Partei zu einer fortschrittlichen, ja moderat links orientierten Volkspartei zu formen gedachten, in der sich die ehemaligen Mitglieder des Zentrums sowie der linksliberalen DDP zu Hause fühlen sollten. Die CDU wollte die parteipolitische Zersplitterung des Bürgertums der Weimarer Zeit für immer überwinden und sah die enge Zusammenarbeit der fortschrittlichen Christen mit der Arbeiterbewegung als Weg zu diesem Ziel. Es war für viele Christdemokraten historische Mission, Sorge dafür zu tragen, dass die in der Republik von Weimar nur phasenweise existente Kooperation zwischen Bürgertum und Arbeiterbewegung dauerhaft wurde. Sie galt als unerlässlich für das Funktionieren und die langfristige Sicherung der Demokratie. Der Brückenschlag zwischen CDU und SPD wurde von vielen zunächst als kategorischer Imperativ der eigenen Politik aufgefasst.[26]

Das sozial ausgeprägte, ja gar sozialistisch orientierte Element verlor innerhalb der hessischen CDU im Laufe der ersten Nachkriegsjahre an Bedeutung. Nach vorn drängten soziale Pragmatiker und konservative Kräfte. Aber die hessische CDU war und blieb in jener Zeit eine ausgesprochen soziale Partei. Im Oktober 1947 beschrieb Erwin Stein, einer ihrer profiliertesten Köpfe und seit Anfang 1947

---

25 Für die mehrfach dargestellte Frankfurter Gründung vgl. Rotberg, Linkskatholizismus, insbes. S. 126 ff.
26 So Karl Heinrich Knappstein, Ministerialdirektor im hessischen Befreiungsministerium, in einem Artikel in den „Frankfurter Heften" vom Juni 1946; wieder abgedruckt in: Die Entstehung der Hessischen Verfassung, S. 318.

hessischer Kultusminister, in den von den beiden Frankfurter Parteigründern und Vordenkern Eugen Kogon und Walter Dirks herausgegebenen „Frankfurter Heften", dem Forum der christlichen Sozialisten, worum es der Mehrzahl der Christdemokraten ging: „Nur durch einen opfervollen Umbau der Gesellschaft und Wirtschaft kann die soziale Gerechtigkeit wiederhergestellt werden. Versagen wir uns dieser Ordnung [...], dann leben wir in der Vergangenheit und treiben dem Untergang entgegen. Diese Ordnung kann nur die eines Sozialismus sein, oder, wenn man das für viele auch heute noch unannehmbare Wort vermeiden will, die des Solidarismus. Das ist eine Gesellschafts- und Wirtschaftsordnung, die in einem wohlgestuften sozialen Gefüge nach sozialer Gerechtigkeit und sozialer Liebe ausgerichtet ist."[27] Den christlichen Sozialismus wird man wohl in Abgrenzung zum „Sozialismus" der Nachkriegssozialdemokratie mit seinen Elementen Planwirtschaft, Mitbestimmung und Sozialisierung als „Solidarismus" zu definieren haben, als eine solidarische, demokratische Gemeinschaft, dem Gemeinwohl und dem sozialen Ausgleich als zentralen Zielen verpflichtet.

Insgesamt rangierte die hessische CDU unter ihrem Vorsitzenden Werner Hilpert innerhalb der westdeutschen CDU auf dem linken Flügel. Im hessischen Parteiengefüge nahm sie eine Position links von den Liberalen ein.

Die Liberal-Demokratische Partei (LDP), ab 1948 unter dem Namen Freie Demokratische Partei (FDP), vereinte die beiden gegen Ende der Weimarer Republik zur Bedeutungslosigkeit herabgesunkenen liberalen Parteien. Das, was 1918 in der Revolutionszeit nicht gelungen war, wurde jetzt geschaffen: Endlich wurde die alte Idee von der einigen liberalen Partei Wirklichkeit. Die LDP durchlief in Hessen einen äußerst konfliktreichen Gründungsprozess mit scharfen Kontroversen um den künftigen Kurs zwischen einer betont sozialliberalen und einer dezidiert wirtschaftsliberalen Fraktion, der dann mit einem Sieg des rechten Flügels endete, als der Hersfelder Landrat August-Martin Euler im Juni 1946 den Landesvorsitz übernahm. Einige der bis dahin führenden Männer der LDP zogen sich daraufhin aus der Parteiarbeit zurück oder wurden ins Abseits gestellt. Die Liberalen in Hessen standen mit dem dezidiert wirtschaftsliberalen Programm auf dem äußersten rechten Flügel der Parteienlandschaft und führten später einen vehementen Kampf gegen

---

[27] Erwin Stein: Die neue Schule. Pläne zur hessischen Schulreform, in: „Frankfurter Hefte" 10 (1947), S. 1016-1028, Zitat S. 1017. Vgl. dazu: Mühlhausen, Stein, S. 23 f.

Verfassung und wirtschaftspolitische Neuordnung. Hessens LDP präsentierte sich damit insgesamt ganz anders als die doch eher links von ihr angesiedelten (sozial-)liberalen Schwesterparteien im deutschen Südwesten: Sie wurde zu einem Sammelbecken konservativer Kräfte.

Die Formierung der Parteien wurde erheblich durch die Ankündigung von Wahlen beschleunigt. Das amerikanische Demokratisierungskonzept sah einen behutsamen Aufbau demokratischer Organe von unten nach oben vor. Zunächst wurde am 20. und 27. Januar 1946 in den Gemeinden mit bis zu 20.000 Einwohnern gewählt. Bis zum November 1945 legte die Militärregierung genaue Richtlinien fest, welche die deutschen Behörden in die Gemeindewahlgesetze und Wahlordnungen aufzunehmen hatten. Wählen durfte man mit 21 Jahren. Aus politischen Gründen wurden die nach dem Einmarsch im Zuge der ersten Säuberung Inhaftierten vom Wahlrecht ausgeschlossen. Zudem durften sich jene nicht beteiligen, die vor dem 1. Mai 1937 in die NSDAP eingetreten und Amtsträger gewesen waren oder sich aktiv als Nationalsozialisten hervorgetan hatten, eben alle Personen, die dem System gedient hatten. Das waren immerhin 8,1 Prozent der Wahlberechtigten in den Gemeinden. Das passive Wahlrecht setzte die Militärregierung auf 25 Jahre fest; die Amtszeit der neuen Mandatsträger sollte lediglich zwei Jahre betragen. Die Besatzungsmacht behielt sich vor, gewählte Kandidaten zu überprüfen und gegebenenfalls die Wahl zu annullieren und den Betreffenden aus dem Amt zu entfernen. Bei den ersten Wahlen galt zunächst eine Sperrklausel von 15 Prozent; sie wurde dann bei den Wahlen zur Verfassungsversammlung am 30. Juni 1946 auf fünf Prozent reduziert.

Nur recht zögernd willigten die deutschen Politiker ein, so rasch nach Kriegsende schon Wahlen abzuhalten. Vor allem auch beim Ministerpräsidenten gab es starke Bedenken. Bergsträsser hatte in seiner Denkschrift 1942 von einer längeren Phase der Abstinenz von Wahlen geschrieben; der Aufbau der Demokratie sollte „vorsichtig und gemach" (und zunächst ohne Wahlen) erfolgen. Nach dem Ende des Ersten Weltkriegs 1918 sei es angesichts separatistischer Strömungen und einer starken linksradikalen Bewegung, die auf ein Rätesystem hingearbeitet hatte, notwendig gewesen, sobald als möglich zu wählen (was dann am 19. Januar 1919 bereits geschah). Das könne nach der nationalsozialistischen Diktatur nicht in gleicher Weise umgehend erfolgen. Die neue Reichsleitung habe erst den Boden für Wahlen zu ebnen und dabei die Bevölkerung durch umfassende erzieherische Maßnahmen auf die Rückkehr der Demokratie vorzubereiten. Soweit Bergsträsser 1942.[28]

Zum Jahreswechsel 1945/46 erschien es einigen hessischen Politikern, darunter auch in vorderster Front dem Ministerpräsidenten, als viel zu früh, noch nicht einmal zehn Monate nach Kriegsende Wahlen durchzuführen. Sie hielten – wie auch einige Mitarbeiter der Militärregierung – die Deutschen nach zwölf Jahren Diktatur einfach noch nicht reif für ein demokratisches Votum. Solche Bedenken beeindruckten die Entscheidungsinstanzen der Militärregierung nicht. Die Wahlen sollten eine längerfristige Politisierung einleiten und bei der in politischen Fragen weitgehend apathischen Bevölkerung politisches Bewusstsein wecken. Darüber hinaus wollten die chronisch an Unterbesetzung leidenden Militärbehörden sukzessive Aufgaben an deutsche Stellen abgeben, um damit Personal einzusparen und die Besatzungskosten zu reduzieren.

Die hohe Wahlbeteiligung in den Gemeindewahlen vom Januar, als knapp 85 Prozent der Hessen zur Urne gegangen waren, bestärkte die Amerikaner, den Aufbau der Demokratie zu forcieren. Im April wählten die hessischen Landkreise und die kreisangehörigen Städte mit mehr als 20.000 Einwohnern, Ende Mai die neun kreisfreien Städte. Bei beiden Wahlen lag die SPD vorn (Landkreise 44,1 Prozent; Stadtkreise 41,2 Prozent), gefolgt von der CDU (38 Prozent/34,5 Prozent) und mit weitem Abstand von KPD (8,3 Prozent/11,5 Prozent) und LDP (6,2 Prozent/9,8 Prozent). Der Rest der Stimmen fiel auf sonstige Gruppierungen und Splitterparteien.

Durch diese ersten Wahlen fühlten sich die Amerikaner ermutigt, den Aufbau der Demokratie, die schrittweise wieder eingeübt werden sollte, auch auf Landesebene voranzutreiben. Erste Etappe auf dem Weg war der Beratende Landesausschuss, der am 26. Februar 1946 feierlich im Deutschen Theater zu Wiesbaden zu seiner ersten Sitzung zusammentrat.[29] Um die Zusammensetzung war es zwischen Regierung und Parteien zuvor zu Auseinandersetzungen gekommen. Die Regierung hatte sich auf eine paritätische Besetzung des Landesausschusses durch die vier landesweiten Parteien festgelegt. Doch schon im Dezember hatten SPD und kurze Zeit später auch die CDU durchblicken lassen, dass sie mit der Parität nicht mehr einverstanden seien. Sie beanspruchten als vermeintlich stärkere Parteien die Mehrheit der Sitze. Geiler, dem es ohnehin am liebsten gewe-

---

28 Mühlhausen, Denkschrift, S. 600 f.
29 Vgl. die Einleitung zur Edition: „...der Demokratie entgegengehen", S. 6 ff.; siehe hierzu und zum Folgenden auch: Lengemann, Hessen-Parlament, S. 20 ff.

sen wäre, wenn sich die Parteien untereinander auf einen Schlüssel geeinigt hätten, wies solches Ersuchen als Eingriff in seine Rechte entschlossen zurück. Auf einer Besprechung der vier Parteien mit dem Regierungschef Mitte Januar 1946 kam man schließlich überein, den Ausschuss paritätisch zu beschicken. Doch bis zur Eröffnung sollte die hessische Politik in ihre erste schwere Krise stürzen, denn die SPD wollte ihren Erfolg bei den ersten Gemeindewahlen im Januar 1946, als sie satte 44,5 Prozent eingefahren hatte, auch landespolitisch ummünzen. Sie forderte einen Wechsel an der Spitze des Kabinetts. Es war das erste Mal, dass eine Partei offen gegen die provisorische Regierung und damit auch gegen die Besatzungsmacht auftrat, die den Anspruch aber sogleich abblockte. Deutlich wies die Militärregierung die SPD in die Schranken.[30] Damit unterstrichen die Amerikaner nochmals, wer das Sagen im Nachkriegsdeutschland hatte. Die Deutschen mussten sich noch in Geduld üben. Hatte die Besatzungsmacht die eigene Autorität unterstrichen und Geiler den Rücken gestärkt, so löste die von der Wiesbadener Militärregierung angeordnete Entlassung von Kultusminister Franz Böhm eine Regierungskrise aus. Offensichtlich hatte sich Oberst Newman von seinen Of-

Der Vorhang der Demokratie öffnet sich: erste Sitzung des Beratenden Landesausschusses am 26. Februar 1946 im „Deutschen Theater" (später „Hessisches Staatstheater") von Wiesbaden. Auf der Bühne die Landesregierung (oben) und auf den Zuschauerrängen Hessens Bürger als Beobachter (links).

30 Mühlhausen, Hessen 1945–1950, S. 148 ff.

fizieren im Drängen auf Suspendierung Böhms überrennen lassen. Das zumindest gestand er mit dem Unterton des Bedauerns gegenüber Geiler ein, der wegen der Entlassung des ihm politisch sehr nahe stehenden Ministers hoch verstimmt war. Damit konnte der Amerikaner Geiler von seinem in den Raum gestellten Rücktritt abbringen.[31]

Nach Überwindung dieser Krise kam es zu keinen weiteren tiefgreifenden Auseinandersetzungen zwischen der Landesregierung und der Militärregierung. Von diesen Querelen unberührt blieb schließlich der Landesausschuss, der als „Vorläuferin einer künftigen Volksvertretung" – wie seine Rolle im Staatsgrundgesetz vom 22. November 1945 (Artikel 9) definiert wurde – lediglich beratende Funktion besaß. Er sollte „vor Erlass wichtiger Gesetze und vor Festlegung des Haushaltsplans gehört werden".[32]

Das Vorparlament wurde von den vier landesweiten Parteien SPD, CDU, KPD und LDP paritätisch besetzt (je zwölf Mandate), und zwar mit Kräften, die in der überwiegenden Mehrzahl aus Widerstand und Verfolgung kamen, im Exil oder im Untergrund die Zeit der Diktatur überstanden hatten. Von den insgesamt 52 Abgeordneten (einschließlich der vier Nachrücker) sind 38 als Widerstandskämpfer oder Verfolgte des Nationalsozialismus anzusehen. In keinem anderen Parlament Hessens danach saß ein so hoher Prozentsatz von Mandatsträgern, die für sich reklamieren konnten, in den zwölf Jahren der Nazi-Herrschaft Vertreter des „anderen Deutschland" gewesen zu sein.[33] Diese Erfahrung einte.

Bis auf das Gesetz zur Wahl der Verfassungsversammlung, bei dem das Vorparlament keinen Einfluss ausüben konnte, ergaben sich keine Konflikte mit der Landesregierung, denn im Allparteienkabinett und im Landesausschuss waren alle politischen Richtungen vertreten, sodass sich keine Frontstellung zwischen vermeintlichen Oppositions- und Regierungsfraktionen entwickelte. Obwohl nur mit begrenzten Kompetenzen ausgestattet, stellte der Landesausschuss, in dem ein konstruktiver und offener Stil die Debatten prägte, insgesamt ein wichtiges Bindeglied zwischen Landesregierung und Parteien dar.[34] Hier wurden parlamentarische Spielregeln erprobt.

---

31 Siehe: Die Kabinettsprotokolle/Kabinett Geiler, dort die Einleitung S. L ff. und die entsprechenden Dokumente.
32 Staatsgrundgesetz in: Kropat, Stunde Null 1945/1947, S. 37.
33 Dazu Mühlhausen, Der politische Widerstand, S. 71 ff. Nur fünf Frauen gehörten dem Ausschuss an: Else Epstein und Maria Sevenich von der CDU, Lore Wolf und Jo Mihaly (nachberufen) von der KPD und Anne Bringezu von der LDP; Biografien in: Langer (Hrsg.), Alibi-Frauen S. 71 ff.
34 Die Protokolle der vier Sitzungen (an insgesamt sechs Tagen) in der Edition: „… der Demokratie entgegengehen".

2. Die Entstehung der Hessischen Verfassung

Am 30. Juni 1946 fanden die ersten landesweiten Wahlen in der noch jungen Geschichte des Landes Groß-Hessen statt. Auch bei dieser Wahl offenbarte sich bereits eine über Jahrzehnte andauernde Vorherrschaft der sozialdemokratischen Partei im Land, gefolgt von der CDU und mit Abstand von KPD und LDP. Bei einer Wahlbeteiligung von 71 Prozent erzielten SPD 44,3 Prozent, CDU 37,3 Prozent, KPD 9,7 Prozent und LDP 8,1 Prozent. Von den 90 Mandaten erhielten SPD 42, CDU 35, KPD 7 und LDP 6. Nur vier Frauen (drei von der SPD und eine von der CDU)[35] saßen im ersten demokratischen Landesparlament nach 13 Jahren.

Dabei hatte sich nach dem Krieg eine starke Frauenbewegung formiert, die Frauenbelange im öffentlichen Raum thematisierte, Rechte und Mitbestimmung einforderte. Es bildeten sich allerorten über die Parteien hinweg politische Netzwerke von Frauen mit gleicher politischer Stoßrichtung. Der im Januar 1946 an die Öffentlichkeit tretende Frankfurter Frauen-Ausschuss, der sich konsequent als überparteilich verstand, war Prototyp des frauenpolitischen Aufbruchs nach der Hitler-Diktatur. Auch die Hausfrauenverbände organisierten sich in Anlehnung an die Organisationen in der Weimarer Zeit wieder neu, um den Hausfrauen als größte Verbrauchergruppe Gehör zu verschaffen. Weiterhin zum Ziel gehörte die Anerkennung der Hausfrauentätigkeit als Beruf.

Mit den Wahlen zur Verfassungberatenden Landesversammlung trat das Verhältnis von Regierung und Parteien in ein neues Stadium. Jetzt gab es ein demokratisch legitimiertes Parlament, das Anspruch auf Mitbestimmung erhob, dessen Hauptaufgabe allerdings in der Erarbeitung der Verfassung bestand. Erste Vorarbeiten hierzu hatte der von Ministerpräsident Geiler im März 1946 eingesetzte Vorbereitende Verfassungsausschuss geleistet. Zu Mitgliedern berief er die Minister Werner Hilpert, Hans Venedey und Georg August Zinn, den Chef der Staatskanzlei Hugo Swart, die Regierungspräsidenten Ludwig Bergsträsser und Fritz Hoch (beide SPD), den

---

35 Neben Maria Sevenich (CDU) die Sozialdemokratinnen Anna Zinke, Grete Teege und Elisabeth Selbert; ihre Biografien in: Langer (Hrsg.), Alibi-Frauen, S. 129 ff. und S. 275 ff. Vgl. zu Elisabeth Selbert, später als Abgeordnete des Parlamentarischen Rates die Mutter des Gleichberechtigungsartikels (Art. 3) im Grundgesetz: „Ein Glücksfall für die Demokratie", insbes. S. 61 ff.

Frankfurter Oberbürgermeister Kurt Blaum, die Politiker Heinrich von Brentano (CDU), Leo Bauer (KPD) und Georg Weinhausen (LDP) sowie die Professoren Walter Jellinek aus Heidelberg und Otto Vossler aus Frankfurt. Das Expertengremium sollte die erforderlichen Vorarbeiten für die eigentlichen Verfassungsberatungen leisten.

Um die Zivilgesellschaft zu beteiligen und ein möglichst weites Spektrum der Meinungen in der Verfassung abzubilden, ordneten die Amerikaner in ihrer grundlegenden Februar-Direktive an, gesellschaftliche Gruppen und Personen zur Verfassungsproblematik zu kontaktieren. Dazu diente ein Fragebogen, den der Vorbereitende Verfassungsausschuss an 34 Personen sowie 17 Institutionen und Körperschaften versandte. Auf der Basis der Antworten verfasste der Sachbearbeiter des Ausschusses, Ulrich Noack, einen zusammenfassenden Bericht.

Der im Juni verabschiedete Entwurf[36] war richtungsweisend für die Landesversammlung, wenn er auch in wirtschaftspolitischer Hinsicht für die SPD vollkommen unzureichend erscheinen musste. Die Sozialdemokraten hatten sich mit der Forderung nach Reformen in Richtung einer Wirtschaftsdemokratie nicht gegen die im Ausschuss dominierenden liberalen Vorstellungen von Staat und Gesellschaft durchsetzen können. Das machte die Formulierung einer eigenständigen Konzeption der Verfassung umso dringlicher.

Die Aussicht auf eine Verfassung hatte die Diskussionen darüber innerhalb der einzelnen Parteien erheblich stimuliert. Am weitesten gedieh die Debatte innerhalb der Sozialdemokratie. Als Anwalt einer sozialistischen Gesellschaftsordnung setzte sie auf eine neue Sozial- und Wirtschaftsordnung gemäß der Wirtschaftsdemokratie, jene aus den Weimarer Tagen über das „Dritte Reich" hinaus gerettete Konzeption, die sich auf drei Pfeiler stützte: An erster Stelle stand ein sehr weitreichendes Mitbestimmungsrecht der Arbeitnehmer. Hinzu kam die Änderung der kapitalistischen Eigentumsordnung durch Sozialisierung bestimmter Industrien, und zwar jener, die als Steigbügelhalter des Nationalsozialismus fungiert hatten, jener, die Monopolcharakter besaßen, und jener, die als Schlüsselindustrien in der Versorgung der Bevölkerung einen besonders hohen Stellenwert besaßen. Dabei sollte das personalistische Eigentum, das „erarbeitete Hab und Gut", jedoch unangetastet bleiben. Die Wirtschaftsdemokra-

---

36 Datiert 18. Juni; in: Die Enstehung der hessischen Verfassung, S. 173. Siehe hierzu und zum Folgenden vor allem die in dieser Edition abgedruckten Dokumente mit der ausführlichen Einleitung; daneben einführend: Mühlhausen, Hessen 1945-1950, S. 231 ff.

tie wurde abgerundet durch eine wenig konkretisierte Produktionsplanung, die als Ordnungsfaktor den Rahmen der Gesamtwirtschaft abstecken sollte.

Die Sozialisierung war in Weimar ausgeblieben, die Mitbestimmung durch das Betriebsrätegesetz von 1920 nicht in der von der Arbeiterbewegung gewünschten umfassenden Weise realisiert worden. Die unzureichende Umsetzung bzw. das Fehlen dieser wirtschaftspolitischen Reformen wurden als mitentscheidend für den Untergang von 1933 angesehen, galten sie doch als unabdingbares Fundament eines demokratischen Staatswesens. Diesen Fehler wollte man nicht erneut begehen. Die entsprechenden Reformen sollten unbedingt und unverzüglich in Angriff genommen werden.

Darüber hinaus bekannten sich die Sozialdemokraten im Großen und Ganzen zum Geist der Weimarer Verfassung, die nach ihrem Verständnis in Grundzügen durchaus beispielgebend sein konnte. Nicht die Weimarer Verfassung, sondern die rücksichtslose Ausnutzung der dort niedergelegten Toleranz gegenüber den Feinden der Republik hatte in ihren Augen wesentlich zum Ende der Demokratie beigetragen. Die Demokratie war daher besonders zu sichern und zu schützen: Als geeignete Maßnahmen wurden eine Zehn-Prozent-Sperrklausel, die Möglichkeit des Verbots undemokratischer Parteien und ein in der Verfassung verankertes Widerstandsrecht bei offensichtlichem Machtmissbrauch und bei Gefährdung der Grundrechte durch die Regierung gesehen.

Eine Zweite Kammer für Hessen lehnte die SPD ab; was sie im Reich – wie Bergsträsser 1942 bereits niedergelegt hatte[37] – für notwendig erachtete, war auf Landesebene ebenso überflüssig wie ein Staatspräsident, der „psychologisch gesehen ein Hemmnis für die Einheit" sei.[38]

All diese verfassungspolitischen Eckwerte bildeten nur den Rahmen – denn: „Die Institutionen einer Verfassung mögen nun noch so musterhaft sein, sie bleiben doch ein totes Skelett, wenn nicht der Mensch sie mit Fleisch und Blut erfüllt. Eine wesentliche Aufgabe, an der keine moderne Verfassung vorbeigehen kann, wird es deshalb sein, den Menschen, das Volk, mit diesen Institutionen in Verbindung zu bringen." So formulierte Adolf Arndt, gemeinsam mit Zinn Autor eines

---

37 Vgl. oben die Einführung mit Anm. 1. Die Sinnhaftigkeit einer Zweiten Kammer auf Reichsebene betonte Bergsträsser am 6. August 1946 vor der Landesversammlung: „Für das Reich, für das Deutschland der Zukunft" erschien der SPD eine solche Kammer „als Vertretung des deutschen Länderwesens eine Selbstverständlichkeit [...], eine Notwendigkeit"; Die Entstehung der Hessischen Verfassung, S. 457.

38 Bergsträsser ebd., S. 457.

sozialdemokratischen Verfassungsentwurfs und später der Kronjurist der bundesrepublikanischen SPD, in einem Vortrag im August 1946 die Notwendigkeit, einen Verfassungspatriotismus zu schaffen, die Bürger für die Verfassung zu begeistern und in einen engen und lebendigen Kontakt mit den demokratischen Institutionen zu bringen.[39]

Die CDU setzte andere Schwerpunkte als die SPD. Eine Änderung der Eigentumsordnung wollte sie nur in eng begrenzten Fällen zulassen, wie überhaupt soziale und wirtschaftliche Reformen für die CDU nachrangige Bedeutung besaßen. Weitaus wichtiger und gemeinhin zentraler war die christliche Ausgestaltung der Verfassung. Bereits in den Mai-Tagen 1946 hatte Erwin Stein, führender Staats- und Verfassungsrechtler der Landespartei, die grundlegenden Verfassungsvorstellungen der Christdemokraten zu Papier gebracht. In seinen „Gedanken zur künftigen Verfassung"[40] manifestierten sich die Verfassungsvorstellungen eines von Humanismus und Christentum geprägten Mannes, der aus der Geschichte die Konsequenzen ziehen wollte. Stein formulierte hier bereits die Notwendigkeit, den neuen Staat in die Völkerfamilie, in eine neue europäische oder gar globale Ordnung zu integrieren. In dem Wissen um die fatale Wirkung des Volksentscheides gegen den Young-Plan 1929 sollten die plebiszitären Elemente auf außergewöhnliche Verfassungsänderungen beschränkt werden. Die Beteiligung an der Kampagne gegen diesen Reparationsplan hatte Hitler einen immensen Popularitätsschub und Propagandaerfolg verschafft und seine Bewegung in den Kreisen der antidemokratischen Rechten hoffähig gemacht. Als stabilisierendes, einen ungehemmten Parlamentarismus eingrenzendes Institut war eine Zweite Kammer sowohl auf Reichs- wie auch auf Landesebene vorgesehen. Stein hielt an der vom Rat der Volksbeauftragten, der revolutionären Übergangsregierung, im November 1918 verordneten und erstmals bei den Wahlen zur Nationalversammlung im Januar 1919 praktizierten Verhältniswahl fest, obwohl sie sich in seinen Augen als „Kind der Revolution von 1918" in der Weimarer Republik nicht gänzlich bewährt hatte. Das Verhältniswahlsystem, so die allgemeine Kritik nach 1945, habe nach dem Sturz des Kaiserreiches die Neugründung von Parteien in der Republik begünstigt, einer Vielzahl von Parteien den Weg in den Reichstag geebnet und damit die Regierungsbildung erschwert. Es habe somit für Funktionsstörungen des Parlamentarismus gesorgt und letztlich zu dessen Untergang beige-

---

39 Ebd., S. 253.
40 Die Entstehung der Hessischen Verfassung, S. 78 ff.

tragen. Auch der Sozialdemokrat Bergsträsser hatte in seiner Denkschrift von 1942 in gleichlautender Kritik am Verhältniswahlsystem, für ihn der typische deutsche Fehler, noch eine Rückkehr zum Mehrheitswahlsystem mit Einerwahlkreisen der Kaiserzeit gefordert, allerdings mit einer gerechteren Wahlkreisgeometrie als vor dem Ersten Weltkrieg.[41] So weit wollte Stein in seinen Bedenken gegenüber dem Verhältniswahlsystem nicht gehen. Er plädierte für ein begrenztes Notverordnungsrecht und postulierte den Schutz der Demokratie, sprach darüber hinaus von einer völligen Gleichordnung von Staat und Kirche als der idealen Form ihrer Trennung.

Über diese Punkte herrschte weitgehend Einigkeit in den christdemokratischen Reihen, auch in der Forderung nach christlicher Simultanschule und Betonung des Elternrechts, was die Möglichkeit von Privatschulen offen ließ. Von einigen Christdemokraten wurde ursprünglich neben dem Ministerpräsidenten auch ein Staatspräsident angedacht. In der Forderung nach einer Zweiten Kammer kam die Furcht vor einer ungebremsten Parlamentsherrschaft zum Tragen, die in ihren Augen Hitlers Machtübernahme 1933 erst ermöglicht hatte. Weniger wichtig erschien der Staatspräsident. Dieser spielte insgesamt kaum eine Rolle, tauchte aber in den Verfassungsberatungen wieder aus der Versenkung auf, gerade zu dem Zeitpunkt, als die Zweite Kammer abgelehnt wurde. Der Staatspräsident scheint wohl nicht mehr als die Funktion eines Tauschobjektes gehabt zu haben, um die Zweite Kammer zu sichern. Diese blieb zunächst nur vage umrissen.

Eigentlich während der Verfassungsberatungen konkretisierte die CDU ihre Vorstellungen: Dem 30-köpfigen „Landesrat" mit achtjähriger Amtszeit sollten neben Oberbürgermeistern und Landräten auch Vertreter der Gewerkschaften, der Kirchen und der Universitäten angehören. Seine Funktion war im Wesentlichen die des Kontrolleurs des Parlaments; Gesetzesvorlagen sollten durch diese Zweite Kammer gehen und bei einer Ablehnung nur dann Rechtskraft erlangen, wenn der Landtag wiederum mit Zweidrittelmehrheit den Einspruch des Landesrats zurückwies. So sollte das christdemokratische Modell der konstitutionellen Demokratie im Gegensatz zur reinen Mehrheitsdemokratie eventuelle Maßlosigkeiten des Parlaments (und der Parteien) verhindern, die nach christdemokratischem Verständ-

---

41 Mühlhausen, Denkschrift, S. 601. Dabei konnte sich Bergsträsser einen kleinen Seitenhieb auf das 1919 eingeführte Frauenwahlrecht nicht verkneifen, an dem „trotz schlechter Erfahrungen" nicht gerüttelt werden dürfe – eine Anspielung darauf, dass in der ersten Republik Frauen weniger als Männer zur Urne gegangen waren und dabei im Vergleich zu den männlichen Wählern mehr die konservativen Parteien gewählt hatten.

nis das Ende der Weimarer Demokratie eingeläutet hatten. Hier fand die Angst vor Untergrabung der Demokratie durch totalitäre Parteien ihren Niederschlag. Bei einigen in der CDU spielte in dieser Forderung sicherlich auch die Angst vor einer sozialistischen Mehrheit eine Rolle. Für die Mehrzahl war dieses Konzept keineswegs negativ angelegt. Es sollte Schutz vor schrankenlosen Mehrheitsentscheidungen bieten. Hier spiegelte sich jene Furcht vor einem ungebremsten Parlamentarismus wider, von dem auch die bürgerlich-liberalen Verfassungsschöpfer 1919 beseelt waren, als sie gegen die Intentionen der SPD mit einem starken, plebiszitär gekürten Reichspräsidenten ein Gegengewicht zum Parlament geschaffen hatten.

Der von den christdemokratischen Außenseitern Ulrich Noack und Paul Kremer vorgelegte „Königsteiner Entwurf einer konstitutionellen Demokratie"[42], eine von hohem Pathos durchsetzte Denkschrift, war par excellence die Umsetzung des Gedankens einer möglichst weiten Machtverteilung in Verfassungsnormen und setzte in Abwehr von einer reinen Mehrheitsdemokratie ein doch recht kompliziertes System von Gewaltenteilung, mit dem Recht und Freiheit insbesondere auch gegen diktatorische Bestrebungen einer parlamentarischen Mehrheit gesichert werden sollten. Da war auch zu lesen von einem Staatspräsidenten, vom Volk auf sieben Jahre gewählt, als „sichtbare Verkörperung des Eigenwesens". Offensichtlich hatten die Autoren bei der Amtsdauer Anleihe an Weimar genommen, denn der direkt vom Volk gewählte Reichspräsident amtierte sieben Jahre. Auch wenn der Königsteiner Entwurf in den weiteren Beratungen der Union keine entscheidende Rolle spielte, so finden sich in dem dort niedergelegten Staatsaufbau die christdemokratischen Orientierungsmarken.

Die KPD verwarf jegliche Bestrebungen konstitutioneller Demokraten als Ansätze einer konservativen Restauration und bekannte sich vorbehaltlos zum zentralistischen Staat mit reiner Mehrheitsdemokratie. Das demokratisch-parlamentarische Bekenntnis der KPD überraschte doch. Das galt ebenso für den einleitenden Satz im Abschnitt über die wirtschaftlichen Rechte und Pflichten in einer vor den Verfassungsberatungen herausgegebenen programmatischen Flugschrift: „Die Verfassung muss das Privateigentum garantieren."[43] Lediglich Monopole sowie Vermögen und Unternehmen, die dem allgemeinen Wohl des Volkes schadeten, sollten in Gemeineigentum überführt werden. Das waren für Kommu-

---

42 Die Entstehung der Hessischen Verfassung, S. 260 ff.
43 „Offener Brief" der KPD, zitiert bei: Mühlhausen, Hessen 1945-1950, S. 243.

nisten doch recht ungewöhnliche Töne, aber sie entsprachen dem Ziel, sich den anderen Parteien als Partner zu empfehlen. Dazu war ein Bekenntnis zur parlamentarischen Demokratie unverzichtbar. Dabei wollten sie Sondervollmachten oder Notverordnungen vermeiden, wie sie in Weimar durch den „berüchtigten" Artikel 48 verankert worden waren, der Regierung und Reichspräsident ermächtigt hatte, zur Wiederherstellung von Sicherheit und Ordnung einzelne Grundrechte zu suspendieren.[44] Mit der Ablehnung solcher umfassender Vollmachten für die Regierung ging auch die SPD konform, die ein solches Recht ausschließlich dem Landtag zubilligen wollte – Erkenntnis aus der Tatsache, dass in Weimar das Parlament bei der Notverordnungspraxis weitgehend (zumeist aber auch gewollt) außen vor geblieben war.

In Weimar hatte die Sozialdemokratie stets ein engeres Korsett für die Anwendung von Artikel 48 eingefordert. Ein entsprechendes Ausführungsgesetz war aber nie geschaffen worden, sodass Reichspräsident und Reichsregierung weitgehend frei und nahezu unbegrenzt auf den Notstandsartikel als legislative Kurzstrecke zurückgreifen konnten. Dieses Notstandsrecht sollte nun in die Hände des Parlaments gelegt werden.

Die programmatischen Aussagen der LDP waren die Belebung alter liberaler Grundsätze, bei denen ganz oben die freie Wirtschaft und die freie Persönlichkeit standen. In einer liberal organisierten Wirtschaft war eine Vergesellschaftung nur die allerletzte Möglichkeit. Dem Staat kam bei alledem lediglich die neutrale Funktion des Regulators zu: Nur in Fällen, wo die Wirtschaftsfreiheit und der Wettbewerb aufgehoben worden waren oder das Gemeinwohl gefährdet schien, sollte er über besondere Gerichte bei angemessener Entschädigung eingreifen. In das Bild einer Verfassung unter dem Primat der freien Entfaltung gehörte auch die Verhinderung einer reinen Parlamentsherrschaft. Die Zweite Kammer, von der CDU zunächst nur recht vage umrissen, findet sich bei der LDP detailliert beschrieben. Es sollte ein Senat sein, dessen 33 Senatoren sich aus verschiedenen gesellschaftlichen Institutionen rekrutierten. Seine Funktion entsprach den Vorstellungen der Christdemokraten: ein Einspruchsrecht in der Gesetzgebung, welches das Parlament nur mit Zweidrittelmehrheit zurückweisen konnte. Einen Staatspräsidenten, zweite Hauptstütze einer konstitutionellen Demokratie, lehnten die Liberalen grundsätzlich ab.

Die kurze Zusammenschau der Verfassungsvorstellungen zeigt,

---

44 Die Entstehung der Hessischen Verfassung, S. 325 und S. 334.

dass genügend Zündstoff für kontroverse Debatten vorhanden war. Einigkeit herrschte bei allen Parteien im Streben nach einer parlamentarischen Demokratie. Und einig waren sie auch, dass die Grundrechte unveräußerlich waren. Über die definitive Ausgestaltung der Demokratie gingen die Meinungen auseinander. Hier musste im parlamentarischen Diskurs der gemeinsame Weg gefunden werden.

Am 15. Juli 1946 gegen 16 Uhr eröffnete der CDU-Abgeordnete Siegfried Ruhl als Alterspräsident im Realgymnasium für Jungen in der Wiesbadener Oranienstraße das erste demokratische Nachkriegsparlament Hessens, das später dann in der Gewerbeschule und im Stadtschloss der nassauischen Herzöge, dem heutigen Sitz des Landtages, seine Beratungen abhielt.[45] Die Verfassungsdebatten waren zunächst von dem Willen der vier Parteien geprägt, eine von allen getragene Verfassung zu schaffen. Das speiste sich vor allem aus den Erfahrungen vor 1933, als man sich im gegenseitigen Kampf zerfleischt hatte. Die gemeinsame Erfahrung von Widerstand und Verfolgung sorgte für ein erhöhtes Maß an Kompromissbereitschaft. Doch mit zunehmender Dauer traten grundsätzliche programmatische, allerdings keineswegs unüberbrückbare Unterschiede in den Vordergrund. Die Streitpunkte kreisten um den Wirtschaftsbereich, vor allem um die Sozialisierung, die für die SPD einen zentralen Punkt der Neuordnung darstellte. Eine Eigentumsänderung wollte die CDU aber nur in einem sehr begrenzten Maß akzeptieren. Zweiter Konfliktherd war der Staatsaufbau, insbesondere das von der CDU gewünschte Zweikammersystem. Damit stieß sie bei der SPD auf glatte Ablehnung.

Die SPD sah der wachsenden Verhärtung der Fronten einigermaßen gelassen entgegen, war sie doch als einzige Partei in der komfortablen Lage, in drohenden Kampfabstimmungen mit jeder der anderen Parteien zusammengehen zu können. Sie konnte ihren Partner wählen. Und sie scheute sich nicht, das auch zu artikulieren. Bereits zu Beginn der Verfassungsberatungen hatte Bergsträsser, führender Kopf der SPD in diesen Verhandlungen und Vorsitzender des zentralen Verfassungsausschusses, davon gesprochen, dass die SPD in der angenehmen Situation sei, „mit jeder der anderen Fraktionen eine Mehrheit bilden zu können" – „theoretisch" zumindest, wie er für die CDU einigermaßen beruhigend hinzufügte.[46]

Dieses „theoretisch" sollte jedoch bald auch praktisch demonstriert

---

45 Vgl. auch Lengemann, Hessen-Parlament, S. 39 ff.
46 Am 6. August vor dem Plenum; Die Entstehung der Hessischen Verfassung, S. 463.

werden, und zwar in dem Moment, als der Gesprächsfaden zwischen Sozialdemokraten und Christdemokraten abgerissen war. Zusammen mit der KPD brachte die SPD die weitgehend identischen Ziele im wirtschafts- und sozialpolitischen Bereich gegen CDU und LDP durch. Die ganze Situation der Kampfabstimmungen sorgte bei der CDU, aber auch bei der SPD für einiges Unbehagen. Die Christdemokraten mussten auf die stärkste Partei zugehen, wenn sie mitgestalten wollten. In der Sozialdemokratie wiederum machte sich Angst breit, mit den wegen der Politik der Sowjets in ihrem besetzten Teil Deutschlands immer mehr in Misskredit geratenen Kommunisten identifiziert zu werden. Mit ihnen zu koalieren drohte zu einer innerparteilichen Belastung zu werden. Darüber hinaus befürchtete die SPD, dass eine allein von ihr und der KPD getragene Verfassung nicht die notwendige Mehrheit in der von den Amerikanern vorgeschriebenen Volksabstimmung erhalten würde. Die beiden linken Parteien besaßen zwar in der Landesversammlung mit 49 Mandaten (gegenüber 41 von CDU und LDP) eine ausreichende Mehrheit, doch stand das vermeintliche „Linksbündnis" mit 54 Prozent an Wählerstimmen auf relativ tönernen Füßen. Die Sozialdemokraten waren unsicher, ob eine Verfassung – in Kampfabstimmungen gegen CDU und LDP durchgepaukt – dann wirklich von der Bevölkerung in der Volksabstimmung angenommen werden würde.

Dass eine Parlamentsmehrheit eben nicht unbedingt Garant für Wählermehrheit in einer Volksabstimmung sein musste, hatte das Plebiszit über die Verfassung in Frankreich bewiesen. Denn dort war der im Wesentlichen von Kommunisten und Sozialisten getragene Entwurf trotz einer satten Mehrheit von 309 gegen 249 Stimmen in der französischen Nationalversammlung im Referendum vom Mai 1946 mit 53 Prozent abgelehnt worden. Frankreich schwebte den hessischen Sozialdemokraten als negatives Lehrstück vor Augen; die „französischen Verhältnisse schrecken", hatte Bergsträsser mit dem Unterton von Sorge und Unsicherheit bereits vor den Beratungen der Landesversammlung in sein Tagebuch geschrieben.[47] Und wenn die Verfassung im Referendum durchfallen würde, drohte sogar ein Aufschub der demokratischen Regierungsbildung. Denn genau in diesem Moment höchster sozialdemokratischer Selbstzweifel, als die Zeichen auf Konfrontation mit der CDU standen, ließ die Militärregierung wissen, dass eine Regierung nur nach vorheriger Annahme der Verfassung durch das Volk demokratisch gebildet werden konnte. Solche Mitteilung verstärkte das Unbehagen der SPD. Schließlich wollten die

---

47 Bergsträsser, Befreiung, S. 135: Tagebuchaufzeichnung vom 30. Mai 1946.

Sozialdemokraten als führende Kraft in Hessen endlich auch den Regierungschef stellen, war doch ihr erster Griff nach der Macht im Februar 1946 recht kläglich gescheitert.

In dieser Situation, als die CDU ganz ausgeschaltet zu werden drohte, präsentierten ihre beiden Abgeordneten Erwin Stein und Karl Kanka am 28. September den sogenannten „Vollradser Entwurf", ein auf 118 Artikel gestutztes „Organisationsstatut", auf dessen Basis man sich mit den Sozialdemokraten zu einigen hoffte. Das Papier klammerte die zwischen den beiden Parteien vorhandenen Streitpunkte einfach aus. Das war der allerletzte Versuch der CDU, unter Zurückstellung der konfliktbeladenen Felder doch noch zu einer Übereinkunft mit der SPD zu kommen, für die es auf beiden Seiten genügend Potenzial gab. Denn nach wie vor dominierte bei SPD und CDU der unbedingte Wille, dem Wahlvolk eine von einer breiten Mehrheit getragene Verfassung zur Abstimmung zu präsentieren. Die Mehrzahl der Mandatsträger aus beiden Reihen war sich bewusst, dass dabei auch Abstriche an eigenen Zielvorstellungen zu machen waren. Aber für die SPD war der Vollradser Entwurf kein gangbarer Weg aus der Krise, wenngleich der Vorschlag, sich mit einem solchen Organisationsstatut zu begnügen, bei denjenigen Sozialdemokraten auf Sympathie stieß, die unbedingt den Ausgleich mit der CDU anstrebten. Die Mehrzahl der Sozialdemokraten wollte sich auf eine verkürzte Verfassung aber nicht einlassen. Wenn das Papier auch nicht das Fundament eines Kompromisses sein konnte, so saßen doch einen Tag, nachdem Stein und Kanka ihr Organisationsstatut präsentiert hatten, SPD und CDU wieder am Verhandlungstisch.

Am 30. September, während der zweiten Lesung, handelten innerhalb von vier Stunden je drei Vertreter von SPD (Ludwig Bergsträsser, Christian Stock und Friedrich Caspary) und CDU (Erich Köhler, Georg Stieler und Karl Kanka) im stillen Kämmerlein den historischen Verfassungskompromiss aus.[48] Wo traf man sich? Die SPD akzeptierte Beschneidungen des Sozialisierungsartikels, der auch in der eingegrenzten Form den Christdemokraten noch erhebliche Bauchschmerzen bereitete. Die in Hessen bedeutende chemische Industrie fiel aus dem Katalog der Sofortsozialisierung heraus, die damit noch die Betriebe des Bergbaus, der Eisen- und Stahlindustrie und der Energieerzeugung sowie Verkehrsbetriebe betraf. Bei der umstrittenen Zweiten Kammer fand man schließlich die salomonische

---

48 Vgl. im Überblick zu dieser Vereinbarung: Mühlhausen, Kompromiß, S. 66 ff. Das SPD/CDU-Kompromisspapier in: Die Entstehung der Hessischen Verfassung, S. 964 ff.

Kompromissformel in Artikel 155, dass ein weiteres aus demokratischen Wahlen hervorgehendes Organ gemäß Artikel 123 (Abs. 2) aufgebaut und in das Verfahren der Gesetzgebung eingeschaltet werden könne. Im Grunde war der Artikel überflüssig, denn solches war ohnehin nach Artikel 123 möglich: „Eine Verfassungsänderung kommt dadurch zustande, dass der Landtag sie mit mehr als der Hälfte der gesetzlichen Zahl seiner Mitglieder beschließt und das Volk mit Mehrheit der Abstimmenden zustimmt." Mit Hilfe von Artikel 155 konnte die CDU ihr Gesicht wahren. Im kulturpolitischen Teil machte die SPD Zugeständnisse in Bezug auf Konfessionsschulen. Vom Prinzip der Schulgeld- und Lernmittelfreiheit an allen Schulen rückte die SPD nicht ab; lediglich bei den Hochschulen konzedierte sie den Wegfall der Lernmittelfreiheit.

Während die SPD-Fraktion relativ rasch und ohne großes Murren der Übereinkunft zustimmte, bedurfte es eindringlicher Mahnungen der christdemokratischen Führung, um die Fraktion für den Kompromiss zu gewinnen. Aber da das Paket nur als Ganzes angenommen werden konnte und keine Veränderungen mehr zugelassen wurden, musste die CDU-Fraktion einwilligen. Mit der Zustimmung der beiden Fraktionen am Abend des 30. September 1946 war der Kompromiss unter Dach und Fach; er wurde der Landesversammlung am nächsten Morgen präsentiert. Die in allerletzter Minute geschlossene Übereinkunft überraschte die beiden kleinen Parteien. Der Entwurf auf der Basis der SPD/CDU-Vereinbarung wurde dann in Zweiter Lesung am 2. Oktober mit 69 Ja-Stimmen bei elf Enthaltungen angenommen.

Diese richtungsweisende Übereinkunft zwischen SPD und CDU war zum einen ein Produkt der Notzeit, getragen von der über die Parteigrenzen hinaus strahlenden Einsicht, dass nur durch eine breite politische Zusammenarbeit die anstehenden Probleme gemeistert werden konnten. Der Kompromiss war allerdings nur möglich geworden, weil zwischen Sozialdemokraten und Christdemokraten Übereinstimmung in grundlegenden Punkten bestand. Dieses damit geschlossene Bündnis der beiden stärksten hessischen Parteien hatte schon bald seine erste Bewährungsprobe zu bestehen. Denn die amerikanische Militärregierung hatte bei der Verfassungsverabschiedung ein Wort mitzureden.[49]

Die Amerikaner hatten es bis dahin tunlichst vermieden, direkt

---

[49] Für die bis in die Regierungszentrale in Washington hineinreichende amerikanische Diskussion über die Landesverfassung: Mühlhausen, Hessen 1945–1950, S. 265 ff.; die amerikanischen Dokumente hierzu in: Die Entstehung der Hessischen Verfassung, S. 1061 ff.

in die Verfassungsarbeit einzugreifen. Sie hatten aber beratend zur Seite gestanden und sicherlich auf informellem Wege versucht, den Deutschen eigene Vorstellungen und Wünsche näher zu bringen. Das schlug sich jedoch kaum in den überlieferten Akten nieder. Zu finden ist in den amerikanischen Papieren jener Zeit die hohe Zufriedenheit mit dem hessischen Entwurf. Allerdings erregte die in Artikel 41 festgeschriebene Sozialisierung industrieller Leitsektoren mit Annahme der Verfassung den Widerspruch der Besatzungsmacht. Denn eine Vergesellschaftung passte so ganz und gar nicht in das Bild von der liberalen Wirtschaftsordnung, welche die Amerikaner im besetzten Deutschland aufbauen wollten. So setzten sie alles daran, die Sozialisierungsvorschrift der Verfassung in eine unverbindliche Kann-Bestimmung abzuschwächen. Mit diesem Drängen stieß die Militärregierung jedoch auf eine geschlossene Front von SPD, CDU und KPD. Nur die Liberalen scherten aus dieser Phalanx aus. Der versuchte Eingriff der Amerikaner in die Arbeit des ersten demokratisch gewählten Nachkriegsparlamentes ließ bei einigen Christdemokraten sogar Gedanken keimen, überhaupt gegen die Verfassung zu stimmen, um

der Besatzungsmacht zu demonstrieren, dass man solches nicht hinzunehmen bereit sei. Wenn die Demokratie wirklich Bestand haben sollte, dann mussten die Deutschen eigenverantwortlich entscheiden können.[50] Es war von den Hessen äußerst geschickt, darauf hinzuweisen, dass ein restriktiver Eingriff der Besatzungsmacht in eine von der überwältigenden Mehrheit der gewählten deutschen Vertreter getragene Verfassung dem demokratischen Gedanken einen Bärendienst erweisen würde. Damit wurden die Amerikaner in ihrem demokratischen Sendungsbewusstsein empfindlich getroffen. Verfassungsschöpfer und Militärregierung einigten sich schließlich darauf, Artikel 41 einer besonderen Volksabstimmung zu unterziehen. Damit war der Weg für die dritte Lesung der Verfassung frei: Am 29. Oktober stimmten 82 Abgeordnete von SPD, CDU und KPD für die Verfassung, die sechs Vertreter der LDP dagegen.

Die Landesverfassung zeichnet sich durch eine konsequente Hinwendung zum Sozialstaat aus. So umfasst sie neben den klassischen Menschen- und Freiheitsrechten auch soziale Grundrechte.[51] Im Gegensatz zur Weimarer Verfassung gelten die Grund- und Menschenrechte, von denen manche in der hessi-

---

50 Bergsträsser, Befreiung, S. 189: Aufzeichnung über ein Gespräch mit Brentano am 24. Oktober 1946.
51 Vgl. zur Einordnung der Verfassung auch Kropats Einleitung zur Edition: Entnazifizierung – Mitbestimmung – Schulgeldfreiheit, S. 23 f.

schen Verfassung neu formuliert wurden, als unantastbar. Darüber herrschte bei den Parlamentariern Einigkeit. Die Sozial- und Wirtschaftsordnung beruht gemäß Artikel 27 auf der Anerkennung der Würde und der Persönlichkeit des Menschen. Das war eine fundamentale Wende im deutschen Verfassungsrecht, stand damit doch die soziale Achtung des arbeitenden Menschen im Zentrum. Das Recht auf Arbeit verpflichtet den Staat zur Politik der Vollbeschäftigung. Für alle Angestellten, Arbeiter und Beamten wurde ein einheitliches Arbeitsrecht zur Pflicht gemacht. Das Streikrecht ist anders als in der Weimarer Verfassung (und auch im späteren Grundgesetz) in der Hessischen Verfassung verankert.

Darüber hinaus erklärt sie – einmalig in der deutschen Verfassungsgeschichte – die Aussperrung für rechtswidrig, galt sie doch den Parlamentariern als ein „unsittliches Kampfmittel", wie das einer der CDU-Abgeordneten auf den Punkt brachte.[52] Festgeschrieben wurde der Achtstundentag (Artikel 31), der zwar als alte Forderung der Arbeiterbewegung in der Revolution 1918 realisiert, später aber wieder ausgehöhlt worden war. Garantiert wird auch ein zwölftägiger Mindesturlaub (Artikel 34). Besonders hervorgehoben wird in der Landesverfassung zudem das Streben nach Chancengleichheit im Bildungswesen. Stärker als andere Landesverfassungen der Nachkriegszeit unterstreicht die hessische den demokratischen Gedanken und erhebt den

Landtagswahl und Volksabstimmungen am 1. Dezember 1946: Blick in ein Wahllokal.

---

52 Karl Kanka vor dem Verfassungsausschuss am 17. September 1946; Die Entstehung der Hessischen Verfassung, S. 719.

Volksentscheid I
(Verfassung)

Stimmen Sie
für die von der Verfassungberatenden
Landesversammlung
am 29. Oktober 1946
verabschiedete Verfassung des
Landes Hessen?

 Ja   Nein

Volksentscheid II
(Aufnahme des Artikels 41 in die Verfassung)

Stimmen Sie für die Aufnahme folgenden Artikels 41 in die Verfassung?
„Mit Inkrafttreten dieser Verfassung werden
1. in Gemeineigentum überführt: der Bergbau (Kohlen, Kali, Erze), die Betriebe der Eisen- und Stahlerzeugung, die Betriebe der Energiewirtschaft, das an Schienen oder Oberleitungen gebundene Verkehrswesen,
2. vom Staate beaufsichtigt oder verwaltet: die Großbanken und Versicherungsunternehmen und diejenigen in Ziffer 1 genannten Betriebe, deren Sitz nicht in Hessen liegt.
Das nähere bestimmt das Gesetz.
Wer Eigentümer eines danach in Gemeineigentum überführten Betriebes oder mit seiner Leitung betraut ist, hat ihn als Treuhänder des Landes bis zum Erlaß von Ausführungsgesetzen weiter zu führen."

 Ja   Nein

„Ja" oder „Nein": In einer Volksabstimmung entscheiden sich die Hessen am 1. Dezember 1946 für die Landesverfassung und für die Sofortsozialisierung in Artikel 41.

Widerstand gegen diktatorische Bestrebungen oder gegen Verfassungsverletzungen zur Bürgerpflicht: Jeder Hesse hat die Aufgabe, den Bestand der Verfassung zu schützen. Eine besondere Rolle im Schutz der Landesverfassung kommt dem Staatsgerichtshof zu. Als Folge des gewollten Abbaus zentralistischer Elemente wurde auf Landesebene ein Staatsgerichtshof geschaffen, der zum einen darüber zu befinden hat, ob Gesetze verfassungskonform sind und – vollkommen neu in der Verfassungsgeschichte – zum anderen aber auch bei Verletzung von Grundrechten durch die öffentliche Gewalt von jedem Bürger angerufen werden kann. Auch das Bekenntnis zum Gesamtstaat ist in der Hessischen Verfassung besonders ausgeprägt. Insgesamt geht die Landesverfassung mit ihren wirtschafts- und sozialpolitischen Regelungen weit über das Maß hinaus, das später im bundesrepublikanischen Grundgesetz verankert wurde.[53]

Die Volksabstimmungen über Verfassung und Artikel 41 fanden am 1. Dezember 1946 statt. Sowohl die Hessische Verfassung als auch der Sozialisierungsartikel erzielten in den Volksabstimmungen eine satte Mehrheit: Die Verfassung wurde mit 76,8 Prozent und Artikel 41 mit 72 Prozent angenommen. Bei den gleichzeitig stattfindenden ersten Landtagswahlen festigte sich

---

53 Zur (vornehmlich juristischen) Würdigung der Verfassung vgl. die einzelnen Beiträge in: 50 Jahre Verfassung. Dazu auch: 30 Jahre Hessische Verfassung.

2. Die Entstehung der Hessischen Verfassung

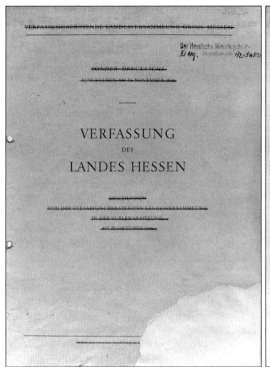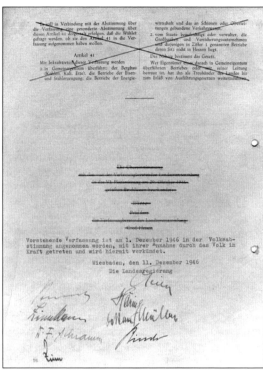

der Trend: Die SPD blieb mit 42,7 Prozent stärkste Kraft. Während die KPD mit 10,7 Prozent ein wenig spektakuläres Ergebnis erzielte, galten die 15,7 Prozent für die LDP schon fast als eine Sensation, hatte sie doch damit ihr Ergebnis vom Juni fast verdoppelt. Die CDU musste mit 30,9 Prozent einen herben Rückschlag hinnehmen. Nicht unwesentlich zu diesem schlechten Abschneiden hatten Hirtenbriefe der katholischen Bischöfe in Hessen beigetragen, in denen sie kurz vor den Landtagswahlen und den Volksabstimmungen über Verfassung und Sozialisierungsartikel von einem schmerzlichen Verfassungskompromiss sprachen und Stellen in der Verfassung zu erkennen glaubten, die „bedenklich an die Art des totalen Staates erinnern" würden.[54] Das war eine vollkommen inakzeptable Wortwahl. Wenngleich die CDU diese Querschüsse, die ihre Klientel gehörig verunsicherten, nur als unsinnig missbilligen konnte, so hatte sie doch bitter zu registrieren, dass zahlreiche bürgerliche Wähler ihr wegen der Kooperation mit

Erste und letzte Seite des arg ramponierten Originals der Hessischen Verfassung mit den Unterschriften von Ministerpräsident Karl Geiler und den Ministern.

---

54 Das Zitat aus der erweiterten Kanzelverkündigung des Bischofs von Limburg; Kropat, Stunde Null 1945/1947, S. 148.

der SPD den Rücken gekehrt hatten. Das zeigte sich in der Analyse der Ergebnisse der Volksabstimmungen: Die Anzahl unkorrekter Stimmzettel bei beiden Volksabstimmungen (12,8 Prozent bei der Verfassung; 13 Prozent bei Artikel 41) lag gerade in den christdemokratischen Domänen über dem Durchschnitt. So waren die ungültigen Wahlzettel bei den beiden Volksabstimmungen stiller Protest von CDU-Wählern, denn es ist kaum anzunehmen, dass jeder achte Wähler irrtümlich unkorrekt seine Stimme abgegeben hatte. Denn man hatte sich auf dem Stimmzettel zwischen einem einfachen „Ja" oder „Nein" zu entscheiden. Die Mandatsverteilung – SPD 38, CDU 28, LDP 14 und KPD 10 – ließ Raum für Spekulationen, doch war durch den Verfassungskompromiss die Große Koalition aus SPD und CDU vorgezeichnet. Zum Ministerpräsidenten kürten die Koalitionäre am 20. Dezember 1946 mit 58 von 87 abgegebenen Stimmen den Darmstädter Sozialdemokraten Christian Stock, einen im Kaiserreich politisch groß gewordenen alten Haudegen der Arbeiterbewegung, der bereits 1919/20 Mitglied der Weimarer Nationalversammlung gewesen war.[55]

Stock konnte bereits auf eine lange politische Karriere zurückblicken. Wenn das oft strapazierte und allzu leichtfertig bei Biografien von Sozialdemokraten verwandte Wort, dass der Protagonist von ganz unten gekommen sei, wirklich seine Berechtigung besitzt, dann bei der Beschreibung von Stocks Lebensweg: Der Proletariersohn, aufgewachsen in ganz ärmlichen Verhältnissen, erlernte ein Handwerk und stieg schon im Kaiserreich zum lokalen Funktionär der Sozialdemokratie auf. Er war der typische Vertreter seiner Generation von Parteigenossen, die – sozialisiert im wilhelminischen Reich – in jungen Jahren durch ein aufopferungsvolles Engagement für die Sozialdemokratie noch vor dem Ersten Weltkrieg in die Dienste der Bewegung traten und in der ersten Demokratie auf deutschem Boden in politische Ämter gelangten. 1933 wurde er kurzzeitig in KZ-Haft genommen und musste sich dann als Tabakwarenhändler durchschlagen.

Nach dem Ende des Zweiten Weltkrieges trat Stock wie seine zwölf Jahre unterdrückte Partei sofort wieder in die politische Verantwortung, um am Bau eines neuen demokratischen Deutschland mitzuwirken. Innerhalb der Partei wurde er zwar schnell über die Landesgrenzen hinaus bekannt und zählte auch zum engeren Führungszirkel der südhessischen SPD, spielte aber in der Landespolitik im ersten Halbjahr 1946 noch keine herausragende Rolle. In den Vordergrund trat er

---

55 Vgl. zu seiner Biografie: Mühlhausen, Stock 1910-1932; siehe auch: Mühlhausen, Geiler und Stock, S. 91, sowie Schmidt, Stock, S. 14 ff.

als Mitglied der Verfassungberatenden Landesversammlung. Er gehörte zu den drei Sozialdemokraten, die den Verfassungskompromiss ausgehandelt hatten. Der Name des 62-jährigen Sozialversicherungsfachmannes tauchte allerdings in den Spekulationen um den künftigen Ministerpräsidenten nach den Wahlen am 1. Dezember 1946 zunächst nicht auf. Der Staatssekretär der Staatskanzlei, der aus Thüringen gekommene Hermann L. Brill, galt als Kandidat für den Ministerpräsidentenposten. Der SPD-Landesvorstand votierte mehrheitlich für ihn, die Fraktion aber wollte einen Hessen. Der ebenfalls ambitionierte Bergsträsser hatte in der SPD keine große Hausmacht. Erst ganz am Ende der Personaldiskussion wurde Stock ins Spiel gebracht und von seiner Partei auf den Kandidatenschild gehoben.[56]

Seine erste Regierungserklärung vom 6. Januar 1947 nahm der Landtag mit den Stimmen der Koalition gegen die der KPD, bei Enthaltung der LDP an. Mit der Vereidigung der Minister am darauf folgenden Tag war die erste parlamentarisch gewählte und verfassungsmäßig gebundene Regierung des Landes Hessen verankert. Damit war Hessen bereits 14 Monate nach seiner Gründung zum demokratischen Verfassungsstaat geworden.

19. Dezember 1946: Der Direktor der Landesmilitärregierung, Oberst James R. Newman, lässt es sich nicht nehmen, auf der konstituierenden Sitzung des ersten hessischen Nachkriegslandtages zu sprechen.

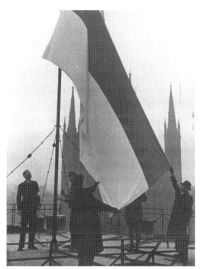

Demokratischer Meilenstein: Mit einer Flaggenhissung auf dem Dach des Landtagsgebäudes wird die Eröffnung des ersten hessischen Landtages am 19. Dezember 1946 kundgetan.

---

56 Zur Bildung der Regierung die Einleitung zu: Die Kabinettsprotokolle der Hessischen Landesregierung. Kabinett Stock, Bd. 1, S. XI ff.

3. Rahmenbedingungen des Wiederaufbaus

In seiner Regierungserklärung hielt sich der neue Ministerpräsident mit konkreten Versprechungen zurück: „Die Zeit ist aus den Fugen [...] Es wäre billig, Ihnen, meine Abgeordneten, und dem hessischen Volke heute große Versprechungen zu machen. Da wir alle aber nicht wissen, was wir von solchen Versprechungen zu halten im Stande sein werden, sehen wir davon ab."[57] In der Tat: Die Politik der Nachkriegsjahre ist vor dem Trümmerfeld zu sehen, das die Diktatur zu verantworten hatte. Hinterlassen hatten die Nationalsozialisten auch eine ungemein schwierige wirtschaftliche und soziale Lage. Dies ist einen kleinen Exkurs wert.[58]

Staffelübergabe im Nachkriegshessen: Der erste (von den Amerikanern eingesetzte) Ministerpräsident Karl Geiler (l.) und sein gewählter Nachfolger Christian Stock im Dezember 1946.

Das Land war zerstört, die Großstädte lagen zu drei Viertel in Schutt und Asche. Frankfurt besaß mit einem Trümmerberg von 21,1 Kubikmeter pro Kopf nach Dresden und Nürnberg die relativ größte Schuttmenge; wegzuräumen waren in der Main-Stadt insgesamt 11,7 Mio. Kubikmeter. Die Trümmerbeseitigung mussten zunächst NSDAP-Aktivisten leisten. Dann wurde der Schutt mithilfe von Bürgereinsätzen weggeräumt. Das war die Regel in zahlreichen Städten. Andernorts wurden überwiegend Arbeitslose herangezogen.

In dieses zerstörte Land strömten immer mehr Menschen. Die hessische Bevölkerung stieg bis zur Volkszählung im September 1950 auf 4,32 Millionen; das waren 825.000 mehr als 1939. Ins-

---

57 Regierungserklärung vom 6. Januar 1947; in: Entnazifizierung – Mitbestimmung – Schulgeldfreiheit, S. 58.
58 Die nachfolgenden Angaben basieren im Wesentlichen auf den vom Hessischen Statistischen Landesamt herausgegebenen statistischen Mitteilungen „Staat und Wirtschaft in (Groß-) Hessen" 1946 ff. Auf Einzelnachweis wird verzichtet.

3. Rahmenbedingungen des Wiederaufbaus

„Hier arbeitet die Stadtverwaltung" – Wetzlar im März 1945: Frauen und Kinder bei der Trümmerbeseitigung.

gesamt lebten zu diesem Zeitpunkt 720.000 Flüchtlinge und Vertriebene in Hessen, die Folge einer „Völkerwanderung" – so stand in einer regierungsoffiziellen Broschüre 1949 mit vollem Recht –, „die in der Geschichte Europas und der Welt ihresgleichen sucht".[59] Allein 1946 waren 400.000 Vertriebene nach Hessen gekommen. Diese Bevölkerungsexplosion wirkte sich vornehmlich auf dem Wohnungsmarkt aus. Während sich 1939 – rein statistisch gesehen – 3,6 Personen eine Normalwohnung geteilt hatten, lag die durchschnittliche Wohnraumbelegung 1950 trotz intensiver Bautätigkeit vor allem nach der Währungsreform bei 4,8 Personen. 1950 resümierte das Statistische Landesamt, dass das

Auch Frankfurt räumt auf: Oberbürgermeister Walter Kolb im Anzug mit Presslufthammer vor dem Römer im Herbst 1946 – wohl doch eher eine PR-Aktion.

---

[59] Stock in seiner Einleitung zu einer Schrift über die Flüchtlingsfrage 1949; zitiert bei: Kropat, Stunde Null 1945/1947, S. 217.

Wohnungsproblem auch fünf Jahre nach Kriegsende noch nichts von seiner Schärfe eingebüßt hatte. Die Wohnungszählung vom September 1950 brachte es an den Tag. So war im Vergleich zum Mai 1939 der Wohnungsbestand in Hanau um 48 Prozent, in Kassel um 41 Prozent und in Darmstadt um 37 Prozent zurückgegangen. Frankfurt hatte etwa ein Viertel seiner Wohnungen eingebüßt.

Der Bevölkerungszuwachs verschärfte die ohnehin schon sehr dramatische Ernährungslage.[60] Schmalhans war Küchenmeister im Nachkriegsdeutschland. Die Rationen blieben weit unter dem Existenzminimum und sanken im Juli 1946 offiziell auf magere 1058 Kalorien. Doch auch die jedem nach den Lebensmittelkarten zustehenden spärlichen Portionen an Fett, Milch, Fleisch – im September 1947 ganze 100 Gramm Fleisch wöchentlich – gelangten nicht immer zur Verteilung. Hessen konnte sich nicht selbst versorgen und war auf Lieferungen aus anderen Ländern angewiesen. Nach amerikanischen Schätzungen erhielt der Normalverbraucher im Sommer 1947 900 Kalorien zugeteilt. Angesichts der Unterversorgung sank die Widerstandsfähigkeit der Bevölkerung, nahmen die Krankheitsfälle – besonders bei Alten und Kindern – zu. Arzneimittel aber fehlten. Doch nicht genug. Ein strenger Winter 1946/47 und eine außergewöhnliche Trockenheit im Sommer 1947, „fast an Naturkatastrophen grenzende Einwirkungen" – wie es in einem Wirtschaftsbericht hieß[61] –, sorgten für weitere Rückschläge. 1947 fuhren die hessischen Bauern eine Missernte ein. Die Hektarerträge von Getreide und Gemüse sanken teilweise auf die Hälfte der Ernte des vorangegangenen Jahres, die wegen mangelnden Saatgutes und Dünger sowieso schon ziemlich mager ausgefallen war. Die permanente Versorgungskrise ließ den Schwarzmarkt blühen, wo Tauschhandel, übertreuerte Preise und die amerikanische Zigarette als Währung das Bild bestimmten. Der Schwarzmarkt war ein Produkt des ungleichmäßigen Verhältnisses von Warenangebot und -nachfrage. Die Bevölkerung übte sich im Improvisieren und Organisieren.

In überfüllten Zügen machten sich die Städter zu Hamsterfahrten hinaus aufs Land. Der Ernährungslage entsprechend stieg bis zum Jahre 1948 die Verbrechensrate. In der Kriminalitätsstatistik fielen besonders der gegenüber der Vorkriegszeit verdoppelte Anteil von Frauen und eine Verdreifachung des Strafanteils von Jugendlichen auf. 1948 näherte Hessen sich auch hier den Vorkriegsverhältnissen an. Folgen der durch Krieg und Not

---

60 Siehe zur Ernährungslage nach dem Krieg im Detail am Beispiel der Stadt Frankfurt: Heibel, Hungertuch, insbes. S. 99 ff.
61 Zitiert bei: Mühlhausen, Geiler und Stock, S. 14.

Schwarzmarkt: Razzia in Frankfurt (wohl 1947). Die Blicke der Abgeführten zeugen nicht von besonderer Aufgeregtheit oder gar Angst. Einige Jahre zuvor während der Diktatur wäre ein Abtransport durch die Polizei von tiefer Furcht und blankem Entsetzen der Abtransportierten begleitet gewesen.

Überprüfung von vermeintlichen Schwarzmarkthändlern durch die Wiesbadener Polizei.

Wiederaufbau aus Trümmern: Die zerstörten Opel-Werke in Rüsselsheim bei Kriegsende 1945 ...

... 15 Monate später, im Juli 1946, verlässt als erstes Auto der Nachkriegsproduktion der Opel Blitz, ein 1,5 to Pritschenwagen, das Werk.

verursachten sozialen Verwerfungen lassen sich auch an der Eheschiedungsrate ablesen, die 1948 mit 2,1 auf 1.000 Einwohnern am höchsten lag und die sich um ein Mehrfaches über der in den Vorkriegsjahren bewegte. Sie sank dann bis 1955 auf 0,9.

Wirtschaftlich ging es erst langsam aufwärts. Der Index der industriellen Produktion bewegte sich 1946 im Vergleich zu 1936 auf 31 Prozent, steigerte sich (1947: 38 Prozent; 1948: 57 Prozent; 1949: 83 Prozent) aber bis 1950 in etwa auf das Niveau des Vergleichsjahres aus der Vorkriegszeit. Erst mit der Währungsreform am 20. Juni 1948, die den bereits angelaufenen Aufschwung förderte, verbesserte sich die Situation. Die anfängliche Euphorie über das neue Geld, das einen wahren Kaufrausch auslöste, wich bald der Ernüchterung angesichts des enormen Preisauftriebs und einer raschen Steigerung der Lebenshaltungskosten auf 150 Prozent (Ende des Jahres 1948 im Vergleich zum Mittelwert von 1939). 40 D-Mark „Kopfgeld" (im August gab es nochmals 20 D-Mark für jeden) erlaubten „der Bevölkerung keine großen Sprünge", resümierte der Kasseler Polizeipräsident.[62] Erst 1949 begann sich das Lohn- und Preisgefüge allmählich zu nivellieren und zu stabilisieren.

20. Juni 1948: Endlich wird – wie hier in Fulda – das lang ersehnte neue Geld ausgegeben. Zunächst gibt es pro Kopf 40 D-Mark, später erhält jeder nochmals 20 D-Mark.

Angesichts dieser hier nur grob geschilderten Rahmenbedingungen musste Politik in jenen Tagen pragmatisch auf die täglichen Erfordernisse ausgerichtet sein, um ein halbwegs geordnetes und gesichertes Leben für die erschöpften Menschen zu gewährleisten. Ministerpräsident Stock war Realist genug, um zu sehen, dass es im zweiten Jahr nach Kriegsende nicht die Zeit war, das Bild einer segensreichen Zukunft zu malen. Es ging schlicht um das Notwendigste, wie Stock zu Beginn seiner Amtszeit herausstellte: „Wir müssen zunächst einmal versuchen, jedem Einzelnen das nackte Leben zu garantieren."[63]

Es ist angesichts dieser Rahmenbedingungen schon erstaunlich, was an politischen Reformen in den ersten Nachkriegsjahren geleistet wurde.

---

62 Kropat, Stunde Null 1945/1947, S. 209.
63 In seiner Regierungserklärung am 6. Januar 1947; Entnazifizierung – Mitbestimmung – Schulgeldfreiheit, S. 58.

Leidensgefährten im KZ Buchenwald, Mitstreiter im Nachkriegshessen: Werner Hilpert (CDU), hessischer Finanzminister (l.) und Hermann L. Brill (SPD), Staatssekretär und Chef der Staatskanzlei.

4. Konflikt und Konsens in der Besatzungszeit

Trotz der Schwere der Last, welche die erste demokratische Nachkriegsregierung zu schultern hatte, hielt die zum Jahreswechsel 1946/47 geschlossene Regierungsehe von SPD und CDU über die gesamte Legislaturperiode – auch wenn die Partner manche Klippe zu umschiffen hatten. Denn die Kräfte innerhalb beider Parteien, die auf eine vorzeitige Scheidung hinarbeiteten, gewannen vor allem nach der Bildung der Bundesregierung im September 1949 erheblich an Boden, als die CDU unter ihrer Galionsfigur Konrad Adenauer die Regierung und die SPD unter ihrem Parteivorsitzenden Kurt Schumacher die Opposition im ersten deutschen Bundestag bildete. Trotz einiger Konfliktfelder und immer häufiger aufbrechender Differenzen zwischen den Koalitionsparteien herrschte am Kabinettstisch ein hohes Maß an Übereinstimmung. „In Loyalität und gegenseitigem Vertrauen", so erinnert sich Kultusminister Stein, „leiteten die Minister ihre Ressorts. Die Kabinettssitzungen waren sachlich und auch bei Meinungsverschiedenheiten frei von persönlichen Auseinandersetzungen. Dazu trugen einmal die leidvollen Erfahrungen der Kabinettskollegen in der Nazizeit bei.

4. Konflikt und Konsens in der Besatzungszeit

Sie schätzten die gemeinsame Verantwortung, das Verbindende höher als das Trennende. Wogen waren schnell geglättet."[64] Mit Werner Hilpert (CDU) als Finanzminister und Hermann Brill (SPD) als Chef der Staatskanzlei agierten in der hessischen Regierung zwei Männer, die gemeinsam im KZ Buchenwald gelitten und dort einem Volksfrontkomitee angehört hatten, das als konspirativer Kreis Pläne für ein neues demokratisches Deutschland entworfen hatte.[65] Andere waren für eine kurze oder längere Zeit in Haft gewesen, einige politisch kalt gestellt worden, immer in der Gefahr, in die Mühlen des Unrechtsregimes zu geraten. Diese Erfahrungen prägten, verbanden dauerhaft über die Parteigrenzen hinweg. Über diesen persönlichen Aspekt hinaus: Die Kooperation von SPD und CDU war eben nicht allein aus der Not der Zeit geboren, sondern gründete sich zum einen in der tiefen Überzeugung, die Fehler von Weimar, den bis hin zur Diffamierung und zur Gewalt ausufernden parteipolitischen Kampf jenseits eines politischen Ehrenkodex, nicht zu wiederholen, zum anderen in der bitteren Erfahrung von zwölf Jahren Unrecht sowie in dem unbedingten Willen zum gemeinsamen Wiederaufbau der Demokratie.

Auch im parlamentarischen Leben blieben die extremen Konflikte aus. Die Erfahrung von Diktatur, Verfolgung und Widerstand, die ein Teil der Abgeordneten des ersten hessischen Landtages während der NS-Zeit gemacht hatte, trug zu einem betont fairen Stil in der parlamentarischen Auseinandersetzung, zu einem sachlichen politischen Diskurs bei, auch wenn die Interessen unterschiedlich lagen. Der Respekt vor dem politischen Widersacher bewirkte einen weitgehenden Verzicht auf Polemik in den Landtagsdebatten.[66] Das hieß allerdings nicht, dass die Arbeit im Parlament, in der Werkstatt der Demokratie, von stetiger Harmonie und Gleichklang gekennzeichnet war.

Neben Differenzen in Sachbereichen waren es personalpolitische Fragen, die das Koalitionsklima eintrübten. Die wohl schwerste Krise folgte nach den Kreistagswahlen im April 1948, als die in einer Koalitionsvereinbarung festgeschriebene Aufteilung sämtlicher Landratsposten zwischen SPD und CDU von einzelnen Gliederungen beider Parteien in den Kreisen torpediert wurde, sodass es schon eines Kraftaktes der Parteispitzen bedurfte, um die Koalition am Leben zu erhalten.[67] Auch wenn führende Christdemokraten

---

64 Stein, Stock, S. 287.
65 Pappert, Hilpert, S. 21 ff.
66 Vgl. die Einleitung von Kropat zu: Entnazifizierung – Mitbestimmung – Schulgeldfreiheit, S. 41.
67 Mühlhausen, Hessen 1945-1950, S. 516 ff.

Eine lokale nationalsozialistische Größe wird verhaftet: Der NSDAP-Kreisleiter von Offenbach (3.v.r.) wird wenige Wochen nach Kriegsende von US-Soldaten abgeführt.

Der „einfachste" Teil der Entnazifizierung: Amerikanische Soldaten fahren triumphierend ein Hitler-Bildnis auf ihrem Jeep durch Fulda.

Ein kleines Symbol der „Entnazifizierung": Die in der sogenannten „Pogromnacht" vom 9. November 1938 weitgehend unzerstört gebliebene, von den Nationalsozialisten dann zweckentfremdete und beschädigte Synagoge in Bad Nauheim wird auf Befehl des amerikanischen Ortskommandanten wieder hergerichtet. Die Instandsetzungsarbeiten müssen Nationalsozialisten verrichten. Bereits am 27. April 1945 hält ein amerikanischer Feldrabbiner den ersten Gottesdienst. Das Foto dokumentiert diesen Tag.

es mitunter als „vergebliche Liebesmühen" bezeichneten, an der Koalitionsregierung festzuhalten[68], so blieben sie bei der Stange, auch und vor allem in der Erkenntnis, dass nach einer Sprengung der Koalition die eigene Partei wohl auf die Oppositionsbänke verbannt worden wäre. Andererseits war die Sozialdemokratie auf die CDU als Partner angewiesen, denn für sie stand eine Koalition mit der KPD oder gar mit der auf dem äußersten rechten Flügel stehenden konservativen hessischen LDP/FDP nicht zur Debatte. Nun, die Koalition war so vital, dass sie einige „Bewölkungen" ertragen konnte.[69] Zu Beginn des Jahres 1950 hatten sich, so schreibt Kultusminister Stein, die über der Koalition schwebenden „Gewitterwolken" zwar verzogen, doch stand immer noch „die Sonne [...] hinter den Wolken".[70] Das koalitionsinterne Klima wurde zum Ende hin merklich kühler.

Obwohl das Kabinett Geiler politisch äußerst heterogen besetzt war und die nachfolgende SPD/CDU-Koalition einige Krisen zu meistern hatte, brachten die ersten beiden Nachkriegsregierungen einige richtungweisende Reformen auf den Weg – immer mit Blick auf das verhängnisvolle Scheitern von 1933. Das Bestreben, Lehren aus der Vergangenheit zu ziehen, führte unweigerlich zu der Frage: Was sollte mit denen geschehen, die als Totengräber der Republik und als Stützen und Nutznießer des Unrechtsregimes fungiert hatten? Das ist ein grundlegendes Problem von Gesellschaften im Umbruch von der Diktatur zur Demokratie.

Im Zentrum einer Abrechnung mit dem nationalsozialistischen System stand die Entnazifizierung. „Who was a Nazi?" lautete der Titel eines Handbuches der Militärregierung. War allein diese Frage nur schwerlich zu beantworten, so war es noch schwieriger, die aktiven Nationalsozialisten auch der gerechten Strafe zuzuführen.[71]

In den ersten Monaten der Besatzung hatten die Militärbehörden öffentliche Verwaltungen und Wirtschaftsunternehmen von aktiven Nationalsozialisten gesäubert und die führenden

---

68 So der CDU-Fraktionsvorsitzende Heinrich von Brentano in einem Brief an Kultusminister Stein vom 21. Januar 1948; Hessisches Landesarchiv/Hessisches Hauptstaatsarchiv Wiesbaden, Nachlass Erwin Stein 27. Vgl. auch Mühlhausen, Brentano, S. 79 f.
69 So Brentano vor dem Landtag am 14. August 1947; zitiert ebd.
70 So Stein an Ministerpräsident Stock, 28. Januar 1950; Hessisches Landesarchiv/ Hessisches Staatsarchiv Darmstadt, Nachlass Christian Stock 95; vgl. Mühlhausen, Stein, S. 40.
71 Vgl. zur Entnazifizierung im Detail: Schuster, Entnazifizierung. Einen sehr guten Einstieg bietet die Einleitung von Kropat zu: Entnazifizierung – Mitbestimmung – Schulgeldfreiheit, S. 224. Siehe differenziert zu den Auswirkungen der Entnazifizierung: Kropat, Entnazifizierung und Reform.

> **Militärregierung Deutschland - Amerikanische Zone**
>
> # Gesetz Nr. 8
>
> Verbot der Beschäftigung von Mitgliedern der NSDAP in geschäftlichen Unternehmen und für andere Zwecke, mit Ausnahme der Beschäftigung als gewöhnliche Arbeiter.
>
> Zwecks verstärkter Ausschaltung des Einflusses der nationalsozialistischen Weltanschauung in Deutschland wird hiermit folgendes angeordnet:
>
> 1. Die Beschäftigung eines Mitgliedes der NSDAP oder einer der ihr angeschlossenen Organisationen in geschäftlichen Unternehmungen aller Art in einer beaufsichtigenden oder leitenden Stellung oder in irgendeiner anderen Stellung als der eines gewöhnlichen Arbeiters ist gesetzwidrig; ausgenommen hiervon sind Beschäftigungen auf Grund von Sondergenehmigungen der Militärregierung gemäß den Bestimmungen des § 5 dieses Gesetzes.
> 2. Falls ein jetzt noch nicht in Betrieb genommenes geschäftliches Unternehmen eine Tätigkeit aufzunehmen beabsichtigt, hat seine Leitung als Voraussetzung für die Erteilung der Genehmigung zur Eröffnung oder zum Betrieb zu bescheinigen, daß niemand im Widerspruch mit den Bestimmungen des Paragraphen 1 dieses Gesetzes beschäftigt ist.
> 3. Jedes geschäftliche Unternehmen, das jetzt geöffnet oder in Betrieb ist, hat jede Person, die entgegen § 1 dieses Gesetzes beschäftigt ist, sofort zu entlassen, widrigenfalls das Unternehmen sofort von der Militärregierung geschlossen wird.
> 4. Jeder Verstoß gegen die Bestimmungen dieses Gesetzes wird nach Schuldigsprechung des Täters durch ein Gericht der Militärregierung nach dessen Ermessen mit jeder gesetzlich zulässigen Strafe bestraft.
> 5. Personen, die auf Grund dieses Gesetzes entlassen werden oder denen die Anstellung verweigert wird und die behaupten, sich nicht für irgendeine Tätigkeit der NSDAP oder einer der ihr angeschlossenen Organisationen aktiv eingesetzt zu haben, können bei der örtlichen Militärregierung Vorstellung erheben.
> 6. Dieses Gesetz tritt am 26. September 1945 in Kraft.
>
> **Frankfurt am Main**, 12. Oktober 1945
>
> Im Auftrage der Militärregierung

Gesetz Nr. 8 der amerikanischen Militärregierung zur Entnazifizierung der Wirtschaft vom 26. September 1945.

Köpfe des Regimes – soweit man ihrer habhaft wurde – inhaftiert. Allein im Internierungslager Darmstadt, das im Herbst 1946 in deutsche Zuständigkeit überging, waren auf dem Höhepunkt bis zu 28.000 NS-Funktionäre in Gewahrsam, freilich nicht nur aus Hessen. 1945/46 wurden in Hessen ein Viertel der leitenden Angestellten in der privaten Wirtschaft und mehr als die Hälfte der Beamten aus politischen Gründen entlassen. Die umfangreichen Entlassungen in den Verwaltungen durch die Amerikaner boten die Chance zu einem grundlegenden personellen Neuanfang im öffentlichen Dienst, die von den hessischen Verantwortlichen genutzt wurde. In der ersten Zeit aber erwies es sich als schwierig, geeigneten Ersatz für die vakanten Stellen zu finden: „Wir haben allmählich niemanden mehr. Der Personalmangel wird immer schlimmer", notierte Bergsträsser im März 1946 in sein Tagebuch.[72] Damit unterstrich er das Dilemma des Verwaltungsaufbaus, dass das Personal zugleich fachlich qualifiziert und politisch einwandfrei sein musste. Die Worte dokumentieren zugleich die Verärgerung über personalpolitische Entscheidungen der Militärregierung, die für die deutsche Seite oft unverständlich waren, beruhen sie doch mitunter auf persönlichen Differenzen und la-

---

[72] Unter dem 18. März 1946; Bergsträsser, Befreiung, S. 103.

gen abseits des unabdingbaren personellen Revirements im Zuge der Entnazifizierung, der sich die Deutschen sehr wohl stellen wollten.

Die Amerikaner dachten formalistischer als die Deutschen in der Beurteilung, wer nun ein Nazi war. Sie nahmen die Parteizugehörigkeit zum grundlegenden Maßstab und ließen jeden erwachsenen Deutschen den berühmt-berüchtigten Fragebogen ausfüllen. Demgegenüber wollten die Deutschen die individuelle Schuld überprüfen, und das mit gutem Grund, denn viele Nutznießer des Nationalsozialismus hatten ja gar nicht das braune Parteibuch besessen. Karl Geiler betonte bei zahlreichen Gelegenheiten, wie wichtig seiner Regierung die Aufgabe sei, das nationalsozialistische Erbe abzustreifen und eine „geistig-seelische Umformung unseres Volkes herbeizuführen". Das war für ihn eine Erziehungsaufgabe, „wie sie kaum in einer Zeit uns auferlegt war".[73] Sein Justizminister Georg August Zinn präsentierte im Dezember 1945 einen Gesetzentwurf zur Entnazifizierung, der auf der einen Seite die Aktivisten und Nutznießer des Nationalsozialismus konsequent zur Rechenschaft ziehen wollte, auf der anderen Seite darauf abzielte, die kleinen nominellen Parteigenossen nach einer finanziellen Sühne wieder in ihren Beruf, aus dem sie von den Amerikanern entfernt worden waren, zu bringen, damit sie über die berufliche Integration den Weg in die demokratische Gesellschaft fänden. Nur zu gut war Zinn wohl in Erinnerung, dass die Republik von Weimar von breiten Kreisen im konservativen Bürgertum und in der kommunistischen Arbeiterbewegung abgelehnt worden und dass die Demokratie auch daran zerbrochen war. Das sollte sich mit den Millionen von Mitläufern nicht wiederholen. Wie sollte dieser kleine Parteigenosse, der Mitläufer, der vielleicht nur aus purem Opportunismus, in der Sorge um den Erhalt seiner Arbeit, ohne den Hauch einer inneren Überzeugung in die NSDAP eingetreten war, denn für die neue Demokratie gewonnen werden, wenn diese nur Strafe oder Berufsverbot für ihn bereit hielt und er andererseits mit ansehen musste, dass die glühenden Nationalsozialisten noch ihrer Verhandlung harrten? Die Amerikaner aber zogen hier nicht mit.

Das im Wesentlichen von amerikanischen Vorstellungen geprägte „Gesetz zur Befreiung von Nationalsozialismus und Militarismus", das am 5. März 1946 vom Länderrat der amerikanischen Zone verabschiedet wurde, hielt zur Eingruppierung der Betroffenen fünf Kategorien (Hauptschuldige, Belastete, Minderbelastete,

---

73 Ansprache am 8. Februar 1946; vgl. Mühlhausen, Geiler und Stock, S. 57.

Mitläufer und Entlastete) bereit. Hierüber hatte eine deutsche Spruchkammer zu entscheiden. Die Entnazifizierung war damit in ein neues Stadium getreten: Die Deutschen wurden nun in die Verfahrensabwicklung eingeschaltet, gleichzeitig aber die starren Kategorien der Amerikaner festgeschrieben. Von den in Hessen etwa 3,3 Millionen Meldepflichtigen fielen 950.000 unter das Gesetz.

Angesichts der Fülle von Verfahren waren die Gerichte überlastet, sodass die Hauptverantwortlichen, die man eigentlich zur Rechenschaft ziehen wollte, erst viel später vor die Spruchkammer gestellt und dann oft rein gewaschen wurden. Bald machte nicht ohne Berechtigung das bekannte Wort von den Kleinen, die gehenkt würden, und den Großen, die man laufen lasse, die Runde. Es kursierten spöttische Witze, die so oder ähnlich in den Berichten der Militärregierung zu finden waren: „Was ist der Unterschied zwischen einem Fischernetz und der Entnazifizierung? Beim Fischernetz schlüpfen die Kleinen durch, bei der Entnazifizierung die Großen."

Auch wenn zwei Amnestien die Zahl der Betroffenen erheblich reduzierten und nur noch etwa 175.000 Personen vor die Spruchkammern mussten, so entwickelte sich die Entnazifizierung in der Folgezeit zu einem Dauerthema der Kabinettsbesprechungen. In der Regierung herrschte Einmütigkeit, die bisherige Praxis der Massenanklage, die sich nun auch in dem neuen Gesetz niederschlug, zu überwinden. Es lag im Interesse der Deutschen, die Starrheit des von den Amerikanern diktierten Schematismus aufzuweichen. Doch die Hessen mussten stets erfahren, dass die Amerikaner auf konsequente Durchführung pochten und sich Modifikationen gegenüber wenig aufgeschlossen zeigten, ja sogar auf dem Höhepunkt der Auseinandersetzungen den Deutschen drohten, die ganze Angelegenheit wieder in die eigenen Hände zu nehmen. Dies gab General Clay auf einer Tagung des Länderrats im November 1946 zu verstehen.

Unbeirrt forderten die deutschen Verantwortlichen, das Verfahren zu vereinfachen, um die Hauptschuldigen zur Rechenschaft ziehen zu können, und nicht den kleinen Mitläufer. Das Drängen auf Modifikation hatte mit Nachsicht gegenüber den schuldigen Nationalsozialisten nichts zu tun; wer jahrelang wie Hilpert und Brill im KZ gelitten hatte, wer wie Stein seine Frau Hedwig verloren hatte, als sie – die zum evangelischen Glauben konvertierte Jüdin – sich im März 1943 angesichts der bevorstehenden Deportation und des sicheren Todes durch die Gaskammer in den Freitod gestürzt hatte[74], der woll-

---

74 Vgl. Mühlhausen, Stein, S. 22; Nagel, Stein, S. 72 f.

te keine Weißwaschung, sondern Gerechtigkeit. Die Hessen waren fest entschlossen, die Rädelsführer der nationalsozialistischen Gewaltherrschaft und ihre Helfershelfer zur Verantwortung zu ziehen, ihren Einfluss in Staat und Wirtschaft endgültig zu beseitigen und sie zur Wiedergutmachung zu verpflichten. Mit ihren Mahnungen zur Modifikation fanden die Deutschen aber erst spät Gehör bei der Besatzungsmacht, die zunächst lediglich Verfahrensänderungen erlaubt hatte. Erst im Frühjahr 1948, als die Amerikaner im Zuge des Ost-West-Konfliktes die Entnazifizierung, die ohnehin weitgehend abgeschlossen war, beendet sehen wollten, kam es zu einschneidenden Änderungen. Auch die Deutschen wollten das leidige Kapitel abschließen; der anfängliche Enthusiasmus war dahin. Zu diesem Zeitpunkt waren die Kleinen vor Gericht gestellt und bestraft worden. Die Großen kamen erst jetzt an die Reihe und mit vergleichsweise milden Strafen davon.

Einen ähnlichen Weg nahm auch die Strafverfolgung von Tätern. Neben einer besonderen Betreuung der Opfer des Nationalsozialismus, unter anderem durch einen im Juni 1946 eingerichteten Fürsorgefonds, wandte sich die Landesregierung auch der Sühne, der Verfolgung der Täter, zu. Schon im Mai 1946 verabschiedete sie ein Gesetz, nach dem eine Verjährung von Straftaten während der NS-Herrschaft, die aus politischen, rassistischen und religionsfeindlichen Gründen begangen worden waren, ausdrücklich aufgehoben wurde. Im Gesetz hieß es weiterhin, dass derjenige, der auf Befehl eines Vorgesetzten oder einer übergeordneten Institution gehandelt hatte, nicht von der Verantwortlichkeit für sein Tun entbunden war. So wurden auf der Basis dieses Gesetzes bis 1950 über 200 Verfahren im Zusammenhang mit der Reichspogromnacht 1938, als die Synagogen gebrannt hatten, abgeschlossen und die Täter einer gerechten Strafe zugeführt.[75] Die zunächst in der ersten Zeit von den Strafverfolgungsbehörden engagiert geführten und von der Öffentlichkeit mit großem Interesse verfolgten Verfahren sollten auch Zeugnis ablegen, dass die Deutschen zu einer geistigen, moralischen und juristischen Auseinandersetzung mit der NS-Vergangenheit fähig waren. Doch am Ende der Besatzungszeit wurde das Verständnis für die Täter größer. Wie bei der Entnazifizierung galt: Je später die Täter vor Gericht gestellt wurden, desto geringer fielen die Strafen aus.[76]

Die Abrechnung mit der Vergangenheit war die eine Seite, die Rückkehr zur Demokratie die andere. In der Analyse der Vergan-

---

75 Kropat, Hessens Weg, S. 186 f.
76 Vgl. im Überblick: Kropat, Kristallnacht, S. 247 ff.

Abschied von US-Militärgouverneur Lucius D. Clay am 9. Mai 1949: Ministerpräsident Stock (l.) überreicht dem scheidenden General (r.) ein Bild; im Hintergrund James R. Newman.

politische Reformen – mehr oder minder konkretisiert, mehr oder minder tiefgreifend – über alle Parteigrenzen hinweg als unerlässlich für ein dauerhaft demokratisches Deutschland. Einige dieser Reformen konnten allerdings nur in Ansätzen verwirklicht werden, weil zum einen der anfängliche programmatische Konsens zwischen SPD und CDU zerbrach und zum anderen die Besatzungsmacht restriktiv eingriff.

Beispielhaft verlief die Geschichte des hessischen Betriebsrätegesetzes.[77] Das im Mai 1948 vom Wiesbadener Landtag mit den Stimmen von SPD, CDU und KPD verabschiedete Gesetz sicherte den Betriebsräten umfassende soziale, personelle und wirtschaftliche Mitbestimmungsrechte. Dabei hatten sich die beiden Regierungsparteien weitgehend geräuschlos auf dieses Gesetz geeinigt, wenngleich die CDU die Mitbestimmungsrechte doch ein wenig mehr eingeschränkt sehen wollte. An den wirtschaftlichen Rechten der Arbeitnehmervertreter entzündete sich nachfolgend eine Auseinandersetzung zwischen den hessischen Politikern und der amerikanischen Besatzungsmacht.

Im Vorfeld der Verabschiedung hatte der Fraktionsvorsitzende der CDU, Heinrich von Brentano, die amerikanischen Widerstände voraussehend, geraten, das Ge-

genheit, in dem Bestreben, die Lehren aus dem Scheitern der Weimarer Republik zu ziehen, galten sozial- und wirtschafts-

77 Vgl. Mühlhausen, Hessen 1945–1950, S. 343 ff.

4. Konflikt und Konsens in der Besatzungszeit

setz am besten doch gleich so zu formulieren, dass es der Militärregierung keine Handhabe zur Ablehnung biete. Denn wenn das Gesetz nicht die Genehmigung der Amerikaner finden würde, wäre dies eine Blamage für den Landtag.[78] Auch wenn sich hinter solchen Ausflüchten der Versuch verbarg, die eigenen Interessen an einem nicht zu weit reichenden Mitbestimmungsgesetz zu kaschieren, so waren seine Befürchtungen nicht unbegründet. Das Kabinett beschritt den von Brentano anempfohlenen Weg der Selbstzensur nicht. Die Amerikaner erblickten in weitreichenden Mitbestimmungsrechten eine Beschneidung der unternehmerischen Freiheit. Auch die Regierungsspitzen in Washington, vom Außen- bis zum Kriegsministerium, schalteten sich in die Diskussionen ein, wie auf das Gesetz zu reagieren sei.

Die amerikanischen Akten zum hessischen Betriebsrätegesetz füllen ganze Regale. Es ging dabei um nicht weniger als um die Frage: Wenn die Deutschen die Demokratie wieder lernen sollten, konnte dann ein demokratisch entwickeltes Gesetz so einfach abgelehnt werden? Die Amerikaner wollten unbedingt den Rücktritt der doch recht gut funktionierenden Koalition vermeiden. Das SPD/CDU-Bündnis sollte nicht durch eine übereilte Aktion in Gefahr gebracht werden. Bei einer Ablehnung hätte sie möglicherweise zur Disposition gestanden.

Vorsicht war geboten, zumal das Betriebsrätegesetz durch die öffentliche Diskussion einen solch hohen Stellenwert erhalten hatte, dass die Amerikaner die Aktion mit den Hessen absprechen

Der Amerikaner und der Verfassungsvater: James R. Newman und Ludwig Bergsträsser.

Polis 43

---

78 Mühlhausen, Brentano, S. 80.

mussten. Langwierige Verhandlungen zwischen Besetzten und Besatzern waren die Folge, in denen die deutsche Seite alles unter den besonderen Bedingungen einer Besatzungsherrschaft Mögliche in die Waagschale warf und die Grenzen eigenverantwortlicher Politik auslotete. Ministerpräsident Stock drohte gar mit Rücktritt und die Gewerkschaften spielten ernsthaft mit Gedanken an einen Generalstreik. Am 11. August 1948 einigten sich Clay und Stock auf die salomonische Lösung, das Gesetz zwar zu genehmigen, die zentralen Artikel über die wirtschaftlichen Rechte der Betriebsräte aber bis zur Konstituierung der Bundesrepublik zu suspendieren. Dieser Weg eröffnete Stock die Chance, ohne Gesichtsverlust im Amt zu bleiben. Das Kabinett folgte der Entscheidung. Stocks Worte vor dem Landtag führten die eingeschränkten Souveränitätsrechte nochmals vor Augen, wenn er eingestand: „Vergessen wir auch in dieser Stunde nicht, dass wir ein von einer Militärmacht besetztes Land und in unseren Handlungen nicht vollkommen frei sind. [...] Politik ist die Kunst des Möglichen."[79] Zwar wurden nach der Etablierung der Bundesregierung die suspendierten Artikel im April 1950 in Kraft gesetzt, doch das bundeseinheitliche Betriebsverfassungsgesetz blieb weit hinter den hessischen Regelungen zurück. Als Bundesgesetz überwölbte es das Landesgesetz. So blieb das hessische Gesetz letztlich nur Makulatur.

Die Hessen hatten hier die Erfahrung machen müssen, dass trotz Verfassung und Landtagswahlen deutsche Politik durch die Interessen der Besatzungsmacht begrenzt war. Diese spielten auch beim Scheitern der Sozialisierung eine Rolle.[80] Die SPD wollte in der Erkenntnis der engen Verflechtung von NSDAP und Großindustrie die Monopole brechen. Die Großindustrie war für sie der Steigbügelhalter der Nationalsozialisten gewesen. Diese Interpretation teilten auch einige Christdemokraten, die allerdings in der Sozialisierung nicht so weit wie die SPD gehen wollten. Hatte sich die Landesversammlung erfolgreich gegen amerikanische Einwirkungsversuche bei der Formulierung des Artikels 41 zur Wehr gesetzt, so suchten die Amerikaner eine Ausführung der Verfassungsbestimmung zu verhindern. Doch für das Scheitern der Sozialisierung war die Besatzungsmacht nicht allein verantwortlich.

Die CDU, die 1946 mit einigen Bedenken der Sozialisierung im

---

79 Zitiert bei: Mühlhausen, Hessen 1945-1950, S. 385.
80 Zur hessischen Sozialisierung vgl. einführend: Mühlhausen, Hessen 1945-1950, S. 426 ff., und (zu) detailliert Heiden, Sozialisierungspolitik; siehe auch den Überblick bei: Kropat, Wirtschaftsminister Harald Koch.

Blick in den ersten Landtag (wohl 1947).

Verfassungskompromiss zugestimmt hatte, wollte später von einer Umsetzung der Sozialisierung nichts mehr wissen. Die Christdemokraten ließen keine Zweifel daran, dass Artikel 41 die Grenze der eigenen Zielvorstellungen im Bereich der Wirtschaftsorganisation bedeutete. Demgegenüber stellte die Verfassungsbestimmung für die SPD lediglich den Ausgangspunkt für eine wirtschaftliche Neuordnung dar. Das vom sozialdemokratischen Wirtschaftsminister Harald Koch präsentierte Modell der Sozialgemeinschaften, mit dem die sozialisierten Betriebe in eine neue Unternehmensform gegossen werden sollten, stieß auf Ablehnung bei der CDU, fand aber auch in den Reihen der SPD keine ungeteilte Zustimmung. Die Liberalen bliesen zur Gegenoffensive und entfachten einen umfangreichen Gutachterkrieg. Die Besatzungsmacht entzog den Deutschen kurzerhand das Verfügungsrecht über die von der Sozialisierung betroffene Eisen- und Stahlerzeugung sowie über den Kohlebergbau. Jetzt betraf die Sozialisierung nur noch ganz wenige Betriebe. Das Gesetz über die Sozialgemeinschaften war so in seinen Grundfesten erschüttert. Im Oktober 1950 kam es zum Eklat: Bei Stimmengleichheit stürzte das Gesetz im Landtag. Den Ja-Stimmen von SPD und KPD stand die gleiche Anzahl von Nein-Stimmen von CDU und FDP gegenüber.[81]

---

[81] Die entscheidende Sitzung am 25. Oktober 1950 ist abgedruckt in: Entnazifizierung - Mitbestimmung - Schulgeldfreiheit, S. 209 ff.

gierungsparteien fanden sich in gegensätzlichen Lagern wieder – ein untrügliches Zeichen für das nahende Ende der Partnerschaft. Was folgte war ein lästiger rechtlicher Hickhack, bevor die Sozialisierung in der wirtschaftlichen Aufschwungphase im Zeichen der sozialen Marktwirtschaft endgültig zu Grabe getragen wurde. Soweit zu den wirtschafts- und sozialpolitischen Reformen, die vor allem von der Sozialdemokratie verfochten wurden.

Gemeinsam war Deutschen und Amerikanern die Forcierung einer geistig-moralischen Erneuerung, die Erziehung der Deutschen zu demokratisch geschulten Bürgern. Eine Erziehung im demokratischen Geiste wurde als wahrhafte Denazifizierung des Volkes gesehen, wie es Ministerpräsident Stock einmal auf den Punkt brachte. Zur geistigen Erneuerung zählte im weitesten Sinne auch der Abbau obrigkeitsstaatlicher Mentalitäten und des Untertanengeistes, die Ausmerzung der alten autoritären und republikfeindlichen Bürokratie der Weimarer Zeit und des Nationalsozialismus, an deren Stelle eine volksnahe Verwaltung treten sollte. „Der Geist der Demokratie" sollte auch in die Amtsstuben Einzug halten, wie es Stock in seiner ersten Regierungserklärung am 6. Januar 1947 prägnant formulierte.[82]

Diese mentale „Demokratisierung" musste schon bei der Ju-

Zwei Darmstädter Sozialdemokraten unter sich: Regierungspräsident Ludwig Bergsträsser (l.) und Ministerpräsident Christian Stock, die beide schon in der Weimarer Republik Parlamentserfahrungen gesammelt haben und die wesentlich die Hessische Verfassung prägen.

Eigentlich verfügten SPD und KPD über eine Mehrheit. Doch einige Kommunisten und Sozialdemokraten fehlten, darunter auch der wegen Krankheit ans Bett gefesselte Ministerpräsident und eine auf Hochzeitsreise befindliche Abgeordnete. Die Re-

---

82 Abgedruckt ebd., S. 59.

gend greifen. Hier leisteten die Amerikaner einen bemerkenswerten Beitrag. Sie richteten Jugendzentren ein und bildeten Offiziere in der Betreuung von Jugendgruppen aus. Das „Reorientation Program" umfasste eine ganze Palette von Aktivitäten. Im Zeitraum zwischen 1946 und 1948 wurden sieben „Information Center" eröffnet, die sogenannten „Amerika-Häuser", in denen durch Vorträge, Filme, Diskussionen und Musikabende die deutsche Bevölkerung mit Politik, Kultur und Gesellschaft der USA vertraut gemacht wurde.[83]

Diese Kulturoffensive, mit der die Amerikaner die Heranwachsenden für die westliche Demokratie gewinnen und ihnen demokratische Werte näher bringen wollten, war erfolgreich, nicht zuletzt auch deshalb, weil die technische Überlegenheit der Besatzungsmacht, das gemeinhin lockere Auftreten der amerikanischen Soldaten, die auch noch die unter dem Nationalsozialismus verbotene Musik mitbrachten, und das reichhaltige Konsumangebot (weit über Zigaretten und Kaugummi hinaus) auf die Jugendlichen Faszination ausübten. Die Offenheit der Diskussion war etwas ganz anderes für eine Jugend, der im Nationalsozialismus unbedingte Disziplin und „Kadavergehorsam" (bis in den Tod!) als fundamentale Werte eingeimpft worden waren.

Mit den „German Youth Activities", die in sogenannten „Civic Centers" ihre Heimstatt hatten, boten die Amerikaner bis 1955 Kindern und Jugendlichen reichhaltige Sport und Bildungsmöglichkeiten jeder Art. In der neu gewonnenen Freiheit wurde der „American Way of Life" adaptiert, wobei die Musik, seit Mai 1945 über den Soldatensender AFN in Frankfurt verbreitet, eine große Rolle spielte, weit bevor Elvis Presley zwischen 1958 und 1960 seinen Militärdienst in Friedberg ableistete und dabei in Bad Nauheim wohnte. Die kulturelle Förderung und die Zusammenarbeit in vielen Bereichen waren die Basis eines sich stetig festigenden freundschaftlichen Verhältnisses zwischen Amerikanern und Deutschen, das über die eigentliche Besatzungszeit hinaus bestehen bleiben sollte.

Amerikaner und Deutsche einte die Erkenntnis, dass im bildungspolitischen Bereich eine grundlegende Reform vonnöten war. Sie teilten die Meinung, dass im deutschen Schulsystem ein hohes Maß an Mitverantwortung für die NS-Diktatur begründet war. Im Zentrum der von den Amerikanern forcierten „Reeducation" stand – als prägender Sozialisa-

---

33 Vgl. dazu die Bände Bavendamm (Hrsg.), Amerikaner in Hessen, und Müller (Hrsg.), Wunderland, sowie als Überblick: Mühlhausen, Die amerikanische Militärregierung [wie Anm. 6], S. 25 ff.

Eintracht trotz Meinungsverschiedenheiten: James R. Newman, Direktor der Militärregierung in Hessen, und der hessische Kultusminister Erwin Stein im Juni 1947.

tionsort außerhalb des Elternhauses – die Schule, die als zentrales Steuerungsinstrument für die Erziehung zur Demokratie begriffen wurde.

Während nun die Besatzungsmacht zuvorderst auf eine organisatorische Neuerung drängte, auf Überwindung des althergebrachten dreigliedrigen deutschen Schulsystems, setzte der christdemokratische Kultusminister Stein und mit ihm die hessische Landesregierung den Schwerpunkt auf eine innere Reform. Steins Triebfeder waren hierbei Christentum und Humanismus. Diese Rückbesinnung war das Resultat seiner Analyse des Nationalsozialismus, den er als Produkt einer fundamentalen Krise des überlieferten Normen- und Wertesystems, als Resultat des Verfalls sittlicher Grundwerte sah.[84] Daraus leitete er die Forderung zur Erziehung in christlichem und humanistischem Geist ab. Steins Movens war eine tiefe Religiosität: „Nur wenn wir den Staat und das öffentliche Leben mit christlicher Substanz erfüllen, werden wir die Säkularisierung unserer gesamten Lebensbereiche überwinden."[85] Die eindringliche Mahnung zu einer christlichen Rückbesinnung fand ihren sichtbarsten Niederschlag im Schulgebetserlass vom Mai 1947, nach dem der Unterricht mit einem Gebet oder einem geistigen Lied zu beginnen und zu beenden war. Damit überspannte Stein in den Augen des Koalitionspartners den Bogen, aber der Erlass war ihm so wichtig, dass er der SPD mit Sprengung des Kabinetts drohte, falls diese im Landtag mit der KPD für Aufhebung des Erlasses stimmen würde. An dieser Frage wollte die SPD aber nicht die bis dahin doch recht gut funktionierende Koalition platzen lassen.

Steins zentrales Interesse galt vor allem dem Geschichts- und dem Politischen Unterricht, die er als Träger der moralischen, geistigen und politischen Erziehung des Kindes definierte und als Medium zur Ausmerzung nationalsozialistischen Gedankengutes, das sich als hartnäckig erwies. Nach einer im November 1946 von der Militärregierung in Marburg durchgeführten Umfrage unter Schulkindern hielten immerhin noch 51 Prozent den Nationalsozialismus für eine im Grunde gute, allerdings schlecht ausgeführte Idee. Dies war kaum verwunderlich, da Sozialisation und Erziehung der Befragten ausschließlich im „Dritten Reich" stattgefunden hatten.[86] Das Ergebnis unterstrich die Notwendigkeit einer tief greifenden inhaltlichen Neuorientierung.

Diese Erkenntnisse hatte Bergsträsser schon während des Krieges formuliert. Seine Vorstellungen vom Bildungswesen im neuen Deutschland hatte er in einer weiteren Denkschrift für Leuschner mit dem Titel „Wissenschaftsprobleme" niedergelegt.[87] In diesem Memorandum aus dem Jahr 1943 setzte er sich sehr kritisch mit dem Bildungsbereich auseinander. Es muss heute befremdlich wirken, dass er eine staatliche Lenkung der Wissenschaft forderte. Ausgangspunkt war dabei die Einschätzung, dass die Wissenschaft in der Weima-

---

84 Vgl. Zilien, Bildung, S. 56.
85 So Stein 1950; vgl. (auch zum Folgenden): Mühlhausen, Stein, S. 41 ff.
86 Abgedruckt bei Kropat, Stunde Null 1945/1947, S. 295; vgl. Mühlhausen, Hessen 1945-1950, S. 477.
87 Hessisches Landesarchiv/Hessisches Staatsarchiv Darmstadt, NL Leuschner 45. Vgl. zum Folgenden: Mühlhausen, Denkschrift, S. 603 ff., dort auch die nachfolgenden Zitate aus der Denkschrift.

rer Republik im „unerträglichen Maße frei vom Staate" gewesen sei. Die Freiheit der Wissenschaft habe seinerzeit dazu geführt, dass ausgerechnet die gegen den Staat eingestellten Kräfte in den Wissenschaftsinstitutionen ungehindert ihrem Treiben nachgehen konnten. Das könne nicht so bleiben, denn von einem Beamten, „auch von einem wissenschaftlichen", müsse man verlangen, dass er sich zumindest „nicht gegen den bestehenden Staat" stelle.

Solche Forderung speiste sich aus der Analyse der deutschen Universitäten in der Weimarer Republik, als das Verunglimpfen der Demokratie und der Demokraten Einzug in die Hörsäle gehalten hatte, wo Professoren tosenden Beifall ernteten, wenn sie das republikanische Staatsoberhaupt und die neue Republik in rüdester Weise mit Hohn und Spott übersäten.[88] Trotz ihres hohen wissenschaftlichen Ansehens war die deutsche Universität in Weimar nicht zum Hort der Demokratie geworden, schon gar nicht zu einem Zentrum des Widerstandes gegen den aufkommenden Nationalsozialismus. Viele Universitätslehrer hatten sich in den Dienst der Bewegung gestellt und sich nach 1933 mit dem nationalsozialistischen Staat identifiziert. Von daher erklärt sich Bergsträssers Forderung nach staatlicher Einflussnahme auf die Universitäten. Zu einer umfassenden strukturellen Hochschulreform kam es nach 1945 allerdings in Hessen nicht, obwohl das Ansehen der Universitäten schwer gelitten hatte und die Öffentlichkeit sowie auch die Politik ihnen mit einem berechtigten erheblichen Misstrauen entgegentraten. Die Landesregierung schöpfte als Konsequenz aus dem Versagen der Universitäten gegenüber der nationalsozialistischen Ideologie die Forderung nach einer Demokratisierung der universitären Strukturen und nach einem (zumindest teilweisen) Revirement des Lehrkörpers; denn es war doch ein Unterschied, so Stein am Beginn seiner Amtszeit vor dem Landtag, „ob ein kleiner Beamter unter den Daumenschrauben der Partei seine Mitgliedschaft erklärt oder ob ein der Wissenschaft oder der Menschheit im besonderen Grade verantwortlicher Hochschullehrer die Würde seines hohen Amtes und seiner Universität durch Nachgeben gegenüber dem leichtesten Druck preisgegeben hat."[89] Nachsicht gegenüber den Universitäten und den Professoren war fehl am Platz. In dem Bestreben, eine Demokratisierung der Hochschulverfassung und eine zumindest teilweise Erneuerung des Lehrkörpers durchzusetzen, führte die Lan-

---

88 Vgl. Mühlhausen, Hessen in der Weimarer Republik, S. 144 ff.
89 Landtagsrede vom 19. März 1947 in: Entnazifizierung – Mitbestimmung – Schulgeldfreiheit, S. 127.

desregierung einen konsequenten Kampf. Die Universitäten hielten dagegen und verließen letztlich als Sieger das Feld.[90]

Zentralen Stellenwert hatte Bergsträsser in seiner Denkschrift aus der Kriegszeit der Neuorganisation der höheren Schulen beigemessen, die ausschließlich auf die Hochschule vorbereiten sollten. Denn er erblickte den Kardinalfehler darin, dass der Übergang von der Schule zur Hochschule zu schroff sei, ein viel zu abrupter Sprung von der „autoritären Gestaltung des Unterrichts zur geistigen Selbständigkeit".[91] Daher empfahl er, dass in den letzten Jahrgängen des Gymnasiums einzelne Unterrichtsfächer zugunsten allgemeiner, das selbstständige Denken fördernde Themen zurücktreten sollten. Eine wichtige Funktion bei der Herausbildung eines demokratisch geschulten Mitbürgers wies der Historiker Bergsträsser dem Fach Geschichte zu, welches einer grundlegenden Revision zu unterziehen sei. Es habe nicht „den Zweck, Unteroffiziere und Offiziere vorzubilden, sondern Staatsbürger [...]: Kriege sind nur eine Seite der Geschichte und nicht eine sehr lehrreiche".[92] Viel stärker müssten Fragen von Politik und Wirtschaft Beachtung finden, sollten Kunst und Literatur in die Geschichte einbezogen werden. Er betrachtete es als vordringlich, unmittelbar über die jüngste Geschichte aufzuklären. So hoffte er nach dem Krieg – allerdings vergeblich –, die Akten der Nürnberger Kriegsverbrecherprozesse umgehend nach deren Abschluss publizieren zu können. Bereits 1943 hatte er in der Denkschrift über Wissenschaftsprobleme gefordert, „sofort die Archive der NSDAP und ihrer Gliederungen und Formationen zu sichern" und sie auch sofort durch geeignete Wissenschaftler zu bearbeiten, um über die Schuld des Hitler-Deutschlands aufzuklären und dadurch die neue demokratische Regierung von den Hypotheken des alten Regimes zu entbinden.[93]

Für ihn war das die historische Lektion aus den Versäumnissen in der Revolution von 1918 und den ersten Jahren der Weimarer Demokratie, als die republikanische Regierung mit dem Erbe des Hohenzollernreiches belastet worden war, weil sie – wider besseren Wissens – nicht die Schuld des Kaiserreiches am Weltkrieg eingestanden, nicht mal eine Offensive der Ehrlichkeit in Sachen Kriegsschuld initiiert hatte.

---

90 Vgl. zur Hochschulpolitik insbesondere: Kropat, Konflikt. Dazu auch der entsprechende Abschnitt über die Hochschulreform in: Entnazifizierung – Mitbestimmung – Schulgeldfreiheit, S. 115 ff.
91 Mühlhausen, Denkschrift, S. 604.
92 Ebd., S. 604.
93 Ebd., S. 606.

„Angelpunkt der Schulreform" war für Bergsträsser ein eigenständiges Fach Staatsbürgerkunde, denn ein breites staatsbürgerliches Bildungswesen habe die Grundlage zu schaffen, auf der ein parlamentarisches System reifen und bestehen könne.[94] Diese Zielsetzung blieb bei ihm Konstante seines politischen Handelns auch in der Nachkriegszeit. Als Regierungspräsident von Darmstadt erhob er im Oktober 1945 den staatsbürgerlichen Unterricht (später Politischer Unterricht genannt) zum Pflichtfach mit zwei Wochenstunden ab dem 7. Schuljahr. Alle strukturellen Maßnahmen seien jedoch ohne neue ideelle Werte unwirksam, ohne den „Geist der Humanität, des Zusammenlebens aller Menschen, der Toleranz, des Idealismus" – kurz und knapp: „Humboldt gegen Hindenburg und Hitler, das ist die Parole."[95]

Gerade mit dem Sozialdemokraten Bergsträsser wusste sich Kultusminister Stein einig. Ein neuer Geschichtsunterricht wurde in Hessen angeordnet, der auch die jüngste, die unmittelbare Vergangenheit aufgriff und Geschichte nicht mehr nur als Abfolge von Herrschern definierte, sondern den sozialpolitischen Kontext in den Vordergrund schob. Wie fortschrittlich ein solcher Lehrplan, der die Behandlung des Nationalsozialismus und seiner geschichtlichen Wurzeln zur Aufgabe machte, zu diesem Zeitpunkt war, wird deutlich, wenn man daran erinnert, dass zur gleichen Zeit, als die Hessen neue Wege beschritten, von Freiburger Historikern 1947 ein Vorschlag für Richtlinien des Geschichtsunterrichts publiziert wurde. Darin wurde für die Behandlung der Zeit nach 1914, „deren historische Probleme noch sehr vielfach ruhig-objektiver Klärung durch die wissenschaftliche Forschung bedürfen", ein „möglichst nüchtern-sachlicher Bericht unbestreitbarer Tatsachen" empfohlen. Sie wollten also eine rein faktische Darstellung der neueren Geschichte, nicht erörternd und nicht beurteilend – bissiger (und treffender) Kommentar zu solchen Vorschlägen von Ludwig Bergsträsser in seinem Tagebuch: „Sie wollen offenbar nicht an den dreckigen Hindenburg heran. Voller Blödsinn."[96]

Zu den Bestrebungen, Kenntnisse der jüngsten Geschichte zu vermitteln und ein Geschichtsbewusstsein zu fördern, gehörte auch der Erlass des hessischen Kultusministeriums vom Dezember 1949 zur Einführung von Gedenktagen an den Schulen: Danach sollte im Jahr 1950 an Eduard Mörike (75. Todestag), Johann Sebastian Bach (200. To-

---

94 Bergsträsser in seiner Denkschrift „Wiederherstellung"; siehe oben Anm. 1.
95 So in seiner Denkschrift „Wissenschaftsprobleme"; Zitat auch bei Mühlhausen, Denkschrift, S. 604.
96 Bergsträsser, Befreiung, S. 304: Eintragung vom 21./22. Mai 1948.

destag) und Conrad Ferdinand Meyer (150. Geburtstag) sowie auch an Reichspräsident Friedrich Ebert (25. Todestag) als dem ersten demokratischen Staatsoberhaupt in der deutschen Geschichte gedacht werden.

Neben dem neuen Curriculum für den Geschichtsunterricht legte Hessen besonderen Wert auf einen Politischen Unterricht in bewusster Abkehr von der alten Staatsbürgerkunde, die systemkonform und nicht systemkritisch angelegt war. Politischer Unterricht besaß als Ziel den mündigen, politisch sensiblen Bürger, die Entwicklung zur „sozial gerichteten Persönlichkeit", wie es in den Richtlinien des neuen Faches vom August 1948 hieß.[97] Politische Bildung in der Schule setzte politische Schulung in den Universitäten voraus.

Wegbereitenden Charakter im Nachkriegsdeutschland besaß die vom Wiesbadener Kabinett im April 1948 beschlossene Errichtung von Lehrstühlen für Politik, was zu diesem Zeitpunkt einzigartig in den Westzonen war. Stock verkündete am 18. Mai 1948 anlässlich der Hundertjahrfeier der Frankfurter Paulskirchenversammlung die Errichtung von Politiklehrstühlen an den drei hessischen Hochschulen Frankfurt, Marburg und Darmstadt: „Wir wünschen [...], dass der Hörsaal, in dem ein Professor über Innen- und Außenpolitik liest, von jedem aufgeschlossenen und unserer Zeit innerlich verbundenen Studierenden aufgesucht wird. Die akademische Jugend soll nicht neben der Politik aufwachsen und im Politiker einen Feind des Geistes und der Wissenschaft sehen. Sie soll erkennen, dass der künftige Richter, der Studienrat und der Arzt ihre hohe Aufgabe nur erfüllen können, wenn sie den politischen und gesellschaftlichen Erscheinungen in Vergangenheit und Gegenwart Verständnis entgegenbringen und wenn sie schon von Jugend auf versuchen, die Welt zu verstehen."[98]

Die Hessen erkannten die Zeichen der Zeit; sie betraten hier Neuland in der Umsetzung einer gegenwartsbezogenen politischen und sozialen Erziehung. Mit hinein spielten auch die Bestrebungen, einen Verfassungspatriotismus zu erwecken. Kultusminister Stein als einer der Väter der hessischen Verfassung wusste nur zu genau, dass eine Verfassung lediglich geschriebenes Recht war und dass sie vor allem „gelebt" werden musste. Per Erlass verfügte er 1948, dass in allen Schulen Hessens der Verfassungstag am 1. Dezember feierlich zu begehen sei.[99]

---

[97] Vgl.: Kropat, Schulreform, S. 554. Die Lehrpläne vom 21. August 1948 in: Schulte, Schule, S. 134.
[98] Zitiert bei: Mühlhausen, Geiler und Stock, S. 119 f. Vgl. zur Errichtung der Lehrstühle detailliert: Mohr, Entstehung.
[99] Erlass vom 10. November 1948; vgl. Mühlhausen, Stein, S. 28.

Dies geschah mit Blick auf die Erfahrungen in der ersten Republik, wo die Verfassungsfeiern auf mangelnde Resonanz getroffen waren. In der in verschiedene Milieus segmentierten Weimarer Gesellschaft, die zudem in Demokraten, Monarchisten und – mittendrin – Vernunftrepublikaner gespalten war, hatte es nicht gelingen können, einen partei- und klassenübergreifenden Verfassungspatriotismus zu implementieren. Der 11. August, der Tag, an dem Reichspräsident Friedrich Ebert 1919 im thüringischen Schwarzburg die Verfassung unterzeichnet hatte, war nicht zum allgemeinen Nationalfeiertag erhoben worden, im Volksstaat Hessen jedoch für einige Zeit.[100] Die Veranstaltungen an diesem Tag waren nur für den demokratischen Teil der Gesellschaft zur republikanischen Heerschau genutzt worden; die Republikgegner hatten diesen Tag und die Feiern tunlichst gemieden.

Geleitet waren die Hessen in ihren Bemühungen um inhaltliche Neuorientierung in der Schule von der Erkenntnis, dass politische Bildung die Grundlagen schaffe für die Heranbildung von demokratisch geschulten, mit sozialen und politischen Kompetenzen ausgestatteten Bürgern. Und bereits 1942 hatte Bergsträsser zur zentralen Forderung für den Bestand der Demokratie erhoben, dass eine politische Bildung im Dienste der Demokratie greifen müsse. Mit den Erlassen zum Geschichts- und Politischen Unterricht leistete Hessen Pionierarbeit, ebenso mit der Verankerung der Schülermitverwaltung[101], welche die Maßnahmen zur demokratischen Bildung in der Schule abrundete. Hier war Hessen Vorreiter und für die Westzonen beispielgebend.[102]

Den unbestreitbaren Erfolgen auf den Feldern der „inneren Neuorientierung" der Schule stand jedoch ein Versanden schulorganisatorischer Planungen gegenüber.[103] Der Beginn der hessischen Bemühungen fiel genau in die Zeit, als von amerikanischer Seite auf eine grundlegende Umwälzung des dreigliedrigen Schulsystems gedrängt wurde. Ausgangspunkt hierfür war eine amerikanische Delegation von Schulexperten, die nach Abschluss ihrer Mission durch das besetzte Deutschland einen Bericht vorlegte, der als

---

100 Im Volksstaat war der Verfassungstag per Gesetz 1929 zum Feiertag erhoben worden, was jedoch schon für 1932 auf Antrag der NSDAP wieder zurückgenommen wurde; vgl. Mühlhausen, Hessen in der Weimarer Republik, S. 146 und S. 194.
101 Erlass über die Schülermitverwaltung vom 14. September 1948 in: Schulte, Schule, S. 140.
102 Vgl. Kropat, Schulreform, S. 553.
103 Vgl. Fedler, Anfänge, insbes. S. 26 ff. Überblick mit einigen Dokumenten: Schulte, Schule.

Die Landesregierung bei einer Besprechung mit der amerikanischen Militärverwaltung 1947; vorn v.r.: Erwin Stein (Kultusminister, CDU), Christian Stock (Ministerpräsident, SPD), Werner Hilpert (Finanzminister, CDU), Gottlob Binder (Befreiungsminister, SPD); dahinter v.r.: Heinrich Zinnkann (Innenminister, SPD), Harald Koch (Wirtschaftsminister, SPD), Karl Lorberg (Landwirtschaftsminister, CDU) und Josef Arndgen (Arbeitsminister, CDU). Nicht zu sehen ist Justizminister Georg August Zinn (SPD).

Basis für die Schulpolitik der Besatzungsmacht in der Folgezeit zu sehen ist. Die als „Zook-Report" bekannt gewordene Stellungnahme konzentrierte sich in der Kritik auf die Dreigliederung des Schulwesens, auf die auf vier Jahre limitierte gemeinsame Grundstufe sowie auf die lehrerfixierte Vermittlung althergebrachter, mit akademischer Tradition befrachteter Lerninhalte. Das dreigliedrige Schulsystem sollte überwunden und eine Einheitsschule mit sechsjähriger Grund- und sechsjähriger Aufbaustufe geschaffen werden. Das war nicht weniger als ein radikaler Umbau des gesamten deutschen Schulwesens.[104] Auch das hessische Kultusministerium wollte eine neue Schule, war allerdings nicht bereit, so weit zu gehen wie die Amerikaner. Steins Projekt der differenzierten Einheitsschule lag nur in den groben Zügen auf der Linie amerikanischer Vorstellungen; beim genauen Hinsehen aber war in seiner elastischen Einheitsschule eine Tendenz zur Gliederung festzustellen, wobei

[104] Kropat, Schulreform, S. 548.

Chancengleichheit als Förderung von Begabten und nicht als gleicher Unterricht für alle definiert wurde. Nur in den ersten vier Jahren der Grundstufe sollte es gemeinsamen Unterricht geben; in den Klassen 5 und 6 eröffnete sein Modell die Möglichkeit zu besonderen Sprachkursen in Latein oder Englisch. Die Steinschen Vorhaben entsprachen damit nicht den Vorgaben der Amerikaner. Aber nicht nur die Besatzungsmacht rieb sich in der Folgezeit an den Plänen Steins, auch der Koalitionspartner setzte auf eine Reform im US-amerikanischen Sinne. Insgesamt waren aber innerdeutsche Widerstände verstärkt zu vernehmen: So stellte die Militärregierung im März 1948 nach einer Umfrage unter Lehrern fest, dass die Mehrheit fast gegen jede Neuerung war, wie sie in Steins Plänen zum Ausdruck kam. Man prognostizierte vielfältige Widerstände bei einer Umsetzung der ministeriellen Reformvorschläge.[105] Angesichts der geringen Fortschritte ging die Militärregierung im Sommer 1948 in die Offensive und verlangte ultimativ die Umsetzung ihrer Vorgaben durch das Kultusministerium.

Stein musste die Erfahrung machen, dass ein von einer Siegermacht besetztes Land in seinen Wirkungs- und Entfaltungsmöglichkeiten nicht frei handeln konnte. Schon im März 1947 hatte er in seiner großen Rede zur Hochschul- und Bildungspolitik vor dem Landtag treffend die eingeschränkten Handlungsmöglichkeiten deutscher Politik unter der Besatzungsherrschaft umrissen: „Unsere heutige Demokratie [vollzieht] sich unter der Bedingung der Besetzung unseres Landes durch fremde Mächte. Nur in den Schranken, die uns diese Mächte setzen, können wir uns frei bewegen."[106] Gegenüber der Militärregierung verteidigte Stein seine Position und sprach ihr sogar das Recht ab, Befehle in Schulfragen zu geben. Sie sei zwar aufgrund der bedingungslosen Kapitulation im besatzungspolitischen Recht, aber Dekrete der Militärregierung würden Keime des beginnenden demokratischen Lebens ersticken. Hier vertrat Stein pointiert den Standpunkt, dass eine Schulreform den parlamentarischen Weg und nicht den des besatzungspolitischen Oktrois zu gehen habe. Damit traf er die unter demokratischem Sendungsbewusstsein angetretene Besatzungsmacht an empfindlicher Stelle.

Als nun die Amerikaner im Sommer 1948 auf Umsetzung ihrer Vorstellungen drängten, konterte Stein, dass er dies freiwillig nicht

---

105 Bericht der Informationsabteilung der amerikanischen Militärregierung in Hessen vom 15. März 1948; vgl. Mühlhausen, Hessen 1945-1950, S. 471.
106 Landtagsrede Steins vom 19. März 1947; in: Entnazifizierung - Mitbestimmung - Schulgeldfreiheit, S. 130.

durchführen werde, sondern nur auf ausdrücklichen Befehl hin.[107] Nun – die Militärregierung, deren Geduld wohl überstrapaziert worden war, gab den Befehl und forderte Taten. Am 9. August traf dann die amerikanische Anweisung beim hessischen Ministerpräsidenten ein, in der die Militärregierung kurz und knapp verfügte, dass keine Schüler, die vor dem fünften Schuljahr standen, zur Mittelschule oder zur Höheren Schule kommen durften. Die Anweisung bedeutete konkret die Verlängerung der Grundstufe schon mit Datum des 1. Oktober 1948, dem Beginn des nächsten Schuljahres.

Stein musste schon alle Register der politischen Kunst ziehen, um sich der Ausführung des amerikanischen Befehls zu widersetzen. Es sollte gelingen. Dass die Ergebnisse am Ende der ersten Legislaturperiode doch ambivalent ausfielen, lag zum einen an den auf Tradition bedachten schulpolitischen Standesorganisationen, die einen steten Kampf für das überkommene dreigliedrige deutsche Schulsystem und gegen jegliche Neuerung führten, und an den besonderen Bedingungen in einem besetzten und von der Militärregierung abhängigen Land. Mitverantwortlich war jedoch auch, dass die CDU dem eigenen Minister nicht konsequent den Rücken stärkte, überhaupt wenig kultuspolitische Initiative zeigte. Zudem räumte auch die SPD der Schulpolitik im Vergleich zur wirtschaftlichen Neuordnung keine Priorität ein. Es war schon symptomatisch für die Haltung der hessischen Sozialdemokratie, wenn Ministerpräsident Stock intern im Herbst 1949 unwidersprochen den Satz von sich geben konnte: „Ein neues Schulgesetz ist gar nicht so wichtig, danach fragen nur ein paar Lehrer."[108]

So zeigte sich die hessische Geschichte in den Jahren der Besatzung als eine Zeit des politischen Aufbruchs mit dauerhaften Reformen, aber auch mit gescheiterten Reformversuchen. Wenngleich die Militärregierung die Handlungsmöglichkeiten deutscher Politik begrenzte, so konnte sich der Aufbau der Demokratie nur unter dem Schutzschirm der Amerikaner so rasch vollziehen. Die Besatzungsoffiziere waren zum Teil Politikprofessoren

---

107 So Stein gegenüber einem Vertreter der Landesmilitärregierung am 26. Juli 1948; vgl. hierzu und zum Folgenden: Mühlhausen, Stein, S. 38 ff.
108 Auf einer Sitzung des Bezirksparteivorstandes der SPD Hessen-Süd am 29. Oktober 1949; zitiert bei Mühlhausen, Hessen 1945-1950, S. 463. Dezidiert auch Schmidt, Stock, S. 379: „Stock war kein Bildungspolitiker."

und Wirtschaftswissenschaftler, die auf ihre neue Aufgabe intensiv vorbereitet worden waren. Unter ihnen gab es auch emigrierte Deutsche, die in das Land zurückkehrten, welches sie in der Zeit der Diktatur, um ihr Leben bangend, aus politischen oder rassistischen Gründen hatten verlassen müssen – wie etwa der 1938 emigrierte spätere amerikanische Außenminister Henry A. Kissinger, der nach dem Zweiten Weltkrieg eine Spionageabwehrabteilung an der hessischen Bergstraße leitete. Die US-Militärregierungsoffiziere wussten ungefähr, wo sie hinkamen, sie wussten (zumindest in groben Zügen), was sie in Deutschland erwartete. Sie wussten, dass in Deutschland bereits einmal eine Demokratie existiert hatte, an die man anknüpfen, dass es in Deutschland überzeugte Demokraten gab, mit denen der Neuaufbau der Demokratie in Angriff genommen werden konnte. Trotz unterschiedlicher Ansichten in Detailfragen und trotz einiger Konflikte zwischen Besatzungsmacht und deutschen Politikern, gab es dennoch Konsens in der Zielrichtung: Es ging um die Errichtung einer stabilen Demokratie, um ein „Nie-Wieder-Hitler". Aus den einstigen Feinden wurden bald Mitstreiter im Dienste der Reorganisation eines demokratischen Gemeinwesens.

Ganz entscheidend für den Erfolg des Demokratieaufbaus im Nachkriegshessen war, dass die Deutschen nach den Erfahrungen mit dem Scheitern der ersten deutschen Republik die richtigen Lehren aus der Vergangenheit zogen, gemeinsam an die Neugestaltung gingen und dabei das Trennende hintanstellten. So hielt trotz Konfrontation von CDU und SPD im ersten Deutschen Bundestag und trotz wachsender Differenzen in der Landespolitik das Bündnis bis zum Ende der Legislaturperiode 1950. Danach wurde die SPD/CDU-Koalition zu Grabe getragen. Die SPD regierte allein; für die CDU begann eine mehr als drei Jahrzehnte währende Opposition.

Bei den Landtagswahlen im November 1950 hatte die SPD mit nur 44,4 Prozent die absolute Mehrheit der insgesamt nunmehr 80 Mandate errungen. Das war auf das neue kombinierte Verhältnis- und Mehrheitswahlsystem zurückzuführen, das nach einer Verfassungsänderung – die erforderliche Volksabstimmung hatte im Juli 1950 bei geringer Beteiligung von 33,9 Prozent eine Befürwortung von 78,4 Prozent erbracht – beschlossen worden war. Während die CDU auf 18,8 Prozent abrutschte, steigerte die FDP ihren Stimmenanteil auf 31,8 Prozent, wobei sich auch das Wahlbündnis mit dem Bund der Heimatvertriebenen und Entrechteten (BHE) auszahlte. Die KPD sackte mit 4,7 Prozent unter die Fünf-Prozent-Sperrklausel und war jetzt zur landespolitischen Bedeutungslosigkeit verdammt.

Der alte und der neue Ministerpräsident: Christian Stock (l.) und Georg August Zinn im Januar 1951 bei der Verabschiedung Stocks.

Es konnte nach dem Wahlsieg der SPD, die 47 Abgeordnete stellte (CDU 12; FDP mit dem BHE 21), kaum Zweifel geben, dass der alte Ministerpräsident auch der neue sein würde. Doch setzte sich bei der Kandidatenkür auf dem Kleinen SPD-Landesparteitag am 6. Dezember 1950 der vormalige Justizminister Georg August Zinn mit 47 gegen 42 Stimmen gegen den amtierenden Ministerpräsidenten Christian Stock durch, dessen Rückhalt auch bei Einigen in der hessischen Parteiführung geschwunden war. Der neue Ministerpräsident war vor allem vom bundesdeutschen SPD-Parteivorstand und von den nordhessischen Zirkeln als dynamischer Modernisierer favorisiert worden.[109]

Die Staffelübergabe im Dezember 1950 von Stock an Zinn, der eine neue Generation von Politikern verkörperte, markierte einen Einschnitt in der hessischen Geschichte. Zu diesem Zeitpunkt war die unmittelbare Not überwunden und der Grundstein für eine erfolgreiche Demokratie ge-

---

109 Für Zinn und seine Regierungszeit ein erster Überblick im „Blickpunkt"-Heft der HLZ: Mühlhausen, Zinn.

legt, wenngleich die Folgelasten des Krieges das Land noch Jahre drückten und die Integration der Neubürger – die große sozialpolitische Leistung der Nachkriegsgesellschaft – erst in einem mühsamen Prozess gelingen sollte.

Erwin Stein hat rückblickend die Rahmenbedingungen des Demokratieaufbaus drastisch beschrieben: „Heute ist die mühselige Arbeit aus dem Ruin von 1945 fast vergessen. Damals lagen die Städte in Trümmern. Die Menschen litten Hunger und hausten in Notwohnungen oder Baracken. Flüchtlingsströme ergossen sich in das Land. Die Kriegszerstörungen und die Demontagen hatten zu einem unvorstellbaren Substanzverlust geführt. Die Wirtschaft stagnierte."[110]

Angesichts dieser Situation, nach den Verwerfungen der Diktatur, in einem am Boden liegenden Land, bedrückt durch die immensen Folgelasten des Krieges, kann es nicht hoch genug eingeschätzt werden, dass in kürzester Zeit der Grundstein für ein erfolgreiches und von der Bevölkerung nahezu uneingeschränkt befürwortetes Demokratiemodell gelegt, das Fundament eines neuen demokratischen und freiheitlichen Rechtsstaates geschaffen wurde.

---

110 Erwin Stein: Gleichheit vor Freiheit, in: „Das Parlament", Nr. 16 vom 20. April 1985.

Zitierte und weiterführende Literatur

BAVENDAMM, GUNDULA (Hrsg.): Amerikaner in Hessen. Eine besondere Beziehung im Wandel der Zeit, Hanau 2008.

BECHT, LUTZ: Zwischen Besatzung und Befreiung. Die Oberbürgermeister Wilhelm Hollbach und Kurt Blaum 1945/46, in: Frankfurter Stadtoberhäupter. Vom 14. Jahrhundert bis 1946 (Archiv für Frankfurts Geschichte und Kunst 73), Frankfurt am Main 2012, S. 223–241.

BENDIX, WERNER: Die Hauptstadt des Wirtschaftswunders. Frankfurt am Main 1945–1956, Frankfurt am Main 2002.

BERDING, HELMUT/EILER, KLAUS (Hrsg.): Hessen. 60 Jahre Demokratie. Beiträge zum Landesjubiläum, Wiesbaden 2006.

BERDING, HELMUT: Tradition und Neuanfang. Die Verfassung des Bundeslandes Hessen. Vom „Groß-Hessen" der Proklamation (19. September 1945) bis zum Bundesland Hessen (24. Mai 1949), in: Bernd Heidenreich/Klaus Böhme (Hrsg.): Hessen – Verfassung und Politik, Stuttgart 1997, S. 274–316.

BERGSTRÄSSER, LUDWIG: Befreiung, Besatzung, Neubeginn. Tagebuch des Darmstädter Regierungspräsidenten 1945–1948. Hrsg. von Walter Mühlhausen, München 1987.

BÖHME, KLAUS/MÜHLHAUSEN, WALTER (Hrsg.): Hessische Streiflichter. Beiträge zum 50. Jahrestag des Landes Hessen, Frankfurt am Main 1995.

„… der Demokratie entgegengehen". Die Sitzungsprotokolle des Beratenden Landesausschusses von Groß-Hessen im Jahr 1946. Eine Dokumentation. Bearb. von Bernhard Parisius und Jutta Scholl-Seibert, Wiesbaden 1999.

Die Entstehung der Hessischen Verfassung von 1946. Eine Dokumentation. Hrsg. und eingeleitet von Helmut Berding. Bearb. von Helmut Berding und Katrin Lange, Wiesbaden 1996.

Die Kabinettsprotokolle der Hessischen Landesregierung. Kabinett Geiler 1945–1946. Hrsg. von Andreas Hedwig in Zusammenarbeit mit Jutta Scholl-Seibert, Wiesbaden 2000.

Die Kabinettsprotokolle der Hessischen Landesregierung. Kabinett Stock 1947–1950, Bd. 1: 1947–1948. Hrsg. von Andreas Hedwig in Zusammenarbeit mit Jutta Scholl-Seibert und Sabine Pappert, Wiesbaden 2008; Bd. 2: 1949–1950. Hrsg.

von Klaus Eiler nach Vorarbeiten von Sabine Pappert und Jutta Scholl-Seibert, Wiesbaden 2020.

30 Jahre Hessische Verfassung 1946-1976. Im Auftrag der Hessischen Landesregierung und des Hessischen Landtags hrsg. von Erwin Stein, Wiesbaden 1976.

„Ein Glücksfall für die Demokratie". Elisabeth Selbert (1896-1986). Die große Anwältin der Gleichberechtigung, hrsg. von der Hessischen Landesregierung, Frankfurt am Main 1999.

EMIG, DIETER/FREI, ALFRED G.: Office of Military Government for Hesse, in: Christoph Weisz (Hrsg.): OMGUS-Handbuch. Die amerikanische Militärregierung in Deutschland 1945-1949, München 1994, S. 317-413.

Entnazifizierung – Mitbestimmung – Schulgeldfreiheit. Hessische Landtagsdebatten 1947-1950. Eine Dokumentation. Bearb. von Wolf-Arno Kropat, Wiesbaden 2004.

FEDLER, PATRICIA: Anfänge der staatlichen Kulturpolitik in Hessen nach dem Zweiten Weltkrieg (1945-1955). Schule, Erwachsenenbildung, Kunst und Theater im Spannungsfeld zwischen amerikanischer Reeducationpolitik und deutscher Kulturtradition, Wiesbaden 1993.

FRANZ, ECKHART G. (Hrsg.): Die Chronik Hessens, Dortmund 1991.

50 Jahre Verfassung des Landes Hessen. Eine Festschrift. Hrsg. vom Hessischen Ministerpräsidenten Hans Eichel und dem Präsidenten des Hessischen Landtags Klaus Peter Möller, Wiesbaden 1997.

GLASER, HEIKE: Demokratischer Neubeginn in Wiesbaden. Aspekte des sozialen, wirtschaftlichen und politischen Wiederaufbaus nach 1945, Wiesbaden 1995.

HEIBEL, JUTTA: Vom Hungertuch zum Wohlstandsspeck. Die Ernährungslage in Frankfurt am Main 1939-1955, Frankfurt am Main 2002.

HEIDEN, DETLEV: Sozialisierungspolitik in Hessen 1946-1967. Vom doppelten Scheitern deutscher Traditionssozialisten und amerikanischer Industriereformer, 2 Teilbde., Münster 1997.

HEIDENREICH, BERND/MÜHLHAUSEN, WALTER (Hrsg.): Einheit und Freiheit. Hessische Persönlichkeiten und der Weg zur Bundesrepublik Deutschland, Wiesbaden 2000.

HEIDENREICH, BERND/BROCKHOFF, EVELYN/RÖDDER, ANDREAS (Hrsg.): Der 8. Mai 1945 im Geschichtsbild der Deutschen und ihrer Nachbarn, Wiesbaden 2016.

KIRÁLY, SUSANNE: Ludwig Metzger. Politiker aus christlicher Verantwortung, Darmstadt/Marburg 2004.

Kitzing, Michael: Hans Venedey (1902-1969). Verteidiger der Demokratie – erster hessischer Innenminister der Nachkriegszeit und Sozialist, in: Hessisches Jahrbuch für Landesgeschichte 63 (2013), S. 131-155.

Knigge-Tesche, Renate / Reif-Spirek, Peter (Hrsg.): Hermann Louis Brill 1895-1959. Widerstandskämpfer und unbeugsamer Demokrat, Wiesbaden 2011.

Kropat, Wolf-Arno: Hessen in der Stunde Null 1945/1947. Politik, Wirtschaft und Bildungswesen in Dokumenten, Wiesbaden 1979.

Kropat, Wolf-Arno: Kristallnacht in Hessen. Der Judenpogrom vom November 1938. Eine Dokumentation, Wiesbaden 1988.

Kropat, Wolf-Arno: Amerikanische oder deutsche Schulreform? Die hessische Schulpolitik unter Kultusminister Erwin Stein von 1947 bis 1951, in: Nassauische Annalen 112 (2001), S. 541-568.

Kropat, Wolf-Arno: Entnazifizierung und Reform des öffentlichen Dienstes in Hessen (1945-1950), in: Hessisches Jahrbuch für Landesgeschichte 52 (2002), S. 145-179.

Kropat, Wolf-Arno: Hessens Weg in die Bundesrepublik Deutschland. 1945-1949, in: Bernd Heidenreich/Klaus Böhme (Hrsg.): Hessen – Land und Politik, Stuttgart 2003, S. 174-196.

Kropat, Wolf-Arno: Wirtschaftsminister Harald Koch und das Scheitern der Sozialisierungspolitik in Hessen nach dem Zweiten Weltkrieg (1947-1950), in: Nassauische Annalen 115 (2004), S. 491-525.

Langer, Ingrid (Hrsg.)/Ley, Ulrike/ Sander, Susanne: Alibi-Frauen? Hessische Politikerinnen I: In den Vorparlamenten 1946-1950, Frankfurt am Main 1994.

Lengemann, Jochen: Das Hessen-Parlament 1946-1986. Biographisches Handbuch des Beratenden Landesausschusses, der Verfassungberatenden Landesversammlung Groß-Hessen und des Hessischen Landtags, 1.-11. Wahlperiode, Frankfurt am Main 1986.

Metzger, Ludwig: In guten und in schlechten Tagen. Berichte, Gedanken und Erkenntnisse aus der politischen Arbeit eines aktiven Christen und Sozialisten, Darmstadt 1980.

Mohr, Arno: Entstehung und Entwicklung der Politikwissenschaft in Hessen, in: Michael Th. Greven/Hans-Gerd Schumann (Hrsg.): 40 Jahre Hessische Verfassung – 40 Jahre Politik in Hessen, Opladen 1989, S. 211-231.

Mühlhausen, Walter: Hessen 1945-1950. Zur politischen Geschichte eines Landes in der Besatzungszeit, Frankfurt am Main 1985.

Mühlhausen, Walter: Die Entscheidung der amerikanischen Besatzungsmacht zur Gründung des Landes Hessen 1945. Darstellung und Dokumentation zum 40. Jahrestag der Landesgründung, in: Nassauische Annalen 96 (1985), S. 197-232.

Mühlhausen, Walter: „… die Länder zu Pfeilern machen …". Hessens Weg in die Bundesrepublik Deutschland 1945-1949, Wiesbaden 1989.

Mühlhausen, Walter: Der Kompromiß von SPD und CDU – Zur Entstehung der Hessischen Verfassung 1946, in: Recht und Verfassung in Hessen. Vom Reichskammergericht zur Landesverfassung. Hrsg. Hessische Landeszentrale für politische Bildung, Wiesbaden 1994, S. 61-71.

Mühlhausen, Walter: Christian Stock 1910-1932. Vom Heidelberger Arbeitersekretär zum hessischen Ministerpräsidenten, Heidelberg 1996.

Mühlhausen, Walter: Der staatliche Neubeginn des Landes Hessen unter Ministerpräsident Karl Geiler – Stunde der Exekutive, in: Die Konstituierung des Landes „Groß-Hessen" vor 50 Jahren. Veranstaltung des Hessischen Landtags am 13. Oktober 1995 im Landeshaus in Wiesbaden. Hrsg. von Klaus Peter Möller, Wiesbaden 1996, S. 17-33.

Mühlhausen, Walter: Eine Denkschrift für Wilhelm Leuschner – Ludwig Bergsträsser und die Widerstandsbewegung, in: Renate Knigge-Tesche/Axel Ulrich (Hrsg.): Verfolgung und Widerstand in Hessen 1933-1945, Frankfurt am Main 1996, S. 593-611.

Mühlhausen, Walter: Karl Geiler und die Universität Heidelberg 1920-1953. Zur Biographie des ersten hessischen Ministerpräsidenten nach dem Krieg, in: Nassauische Annalen 110 (1999), S. 315-344.

Mühlhausen, Walter: Karl Geiler und Christian Stock. Hessische Ministerpräsidenten im Wiederaufbau, Marburg 1999.

Mühlhausen, Walter: Hessen und der Weg zur Bundesrepublik Deutschland (1945-1949), in: Heidenreich/Mühlhausen (Hrsg.), Einheit, S. 11-53.

Mühlhausen, Walter: Werner Hilpert (1897-1957), in: Heidenreich/Mühlhausen (Hrsg.), Einheit, S. 245-271.

Mühlhausen, Walter: Die IHK Frankfurt am Main und ihre Rolle beim Wiederaufbau 1945-1948, Frankfurt am Main 2004.

Mühlhausen, Walter: Erwin Stein als hessischer Nachkriegspolitiker (1945-1951), in: Andreas Hedwig/Gerhard Menk (Hrsg.): Erwin Stein (1903-1992). Politisches Wirken und Ideale eines hessischen Nachkriegspolitikers, Marburg 2004, S. 19-44.

Mühlhausen, Walter: Heinrich von Brentano und die hessische CDU (1945-1949), in: Roland Koch (Hrsg.): Heinrich von Brentano. Ein Wegbereiter der europäischen Integration, München 2004, S. 69-85.

Mühlhausen, Walter: Christian Stock (1884-1967) – Arbeiterführer, Sozialpolitiker, Ministerpräsident, Wiesbaden 2013 (Blickpunkt Hessen 17).

Mühlhausen, Walter: Der politische Widerstand gegen Hitler – Träger des demokratischen Neubeginns in Hessen, in: Renate Knigge-Tesche (Hrsg.): Politischer Widerstand gegen die NS-Diktatur in Hessen. Ausgewählte Aspekte, Wiesbaden 2007 (POLIS 46), S. 69-90.

Mühlhausen, Walter: Die Entstehung der Hessischen Verfassung 1946, Wiesbaden ²2022 (Blickpunkt Hessen 20).

Mühlhausen, Walter: Die Gründung des Landes Hessen 1945, Wiesbaden ²2012 (Blickpunkt Hessen 4).

Mühlhausen, Walter: Georg August Zinn – Baumeister des modernen Hessen, Wiesbaden 2016 (Blickpunkt Hessen 21).

Mühlhausen, Walter: Hessen in der Weimarer Republik. Politische Geschichte 1918-1933, Wiesbaden 2021.

Mühlhausen, Walter: Zur Wiederherstellung städtischer Politik nach 1945, in: Jens Flemming/Dietfrid Krause-Vilmar (Hrsg.): Kassel in der Moderne. Studien und Forschungen zur Stadtgeschichte, Marburg 2013, S. 514-535.

Müller, Helmut (Hrsg.): „Wunderland" – Die Amerikaner in Wiesbaden, Frankfurt am Main 2013.

Nagel, Anne C.: Ein Mensch und zwei Leben: Erwin Stein (1903-1992), Köln 2019.

Pappert, Sabine: Werner Hilpert – Politiker in Hessen 1945 bis 1952. Vorkämpfer für eine christlich-soziale Demokratie, Wiesbaden 2003.

Rotberg, Joachim: Zwischen Linkskatholizismus und bürgerlicher Sammlung. Die Anfänge der CDU in Frankfurt am Main 1945-1946, Frankfurt am Main 1999.

Rüschenschmidt, Heinrich: Gründung und Anfänge der CDU in Hessen, Darmstadt/Marburg 1981.

Schmidt, Frank: Christian Stock (1884-1967). Eine Biographie, Darmstadt/Marburg 1997.

Schulte, Brigitta M.: Die Schule ist wieder offen. Hessische Schulpolitik in der Nachkriegszeit, Frankfurt am Main 1997.

Schuster, Armin: Die Entnazifizierung in Hessen 1945-1954. Vergangenheitspolitik in der Nachkriegszeit, Wiesbaden 1999.

Stein, Erwin: Christian Stock 1884-1967. Gestalt und Leistung, in: Archiv für hessische Geschichte und Altertumskunde, Neue Folge 42 (1984), S. 281–291.

Verse, Frank (Hrsg.): Als die Demokratie zurückkam. 75 Jahre Verfassung in Hessen und Fulda. Begleitband zur Ausstellung, Petersberg 2021.

Zibell, Stephanie: Politische Bildung und demokratische Verfassung. Ludwig Bergsträsser (1883–1960), Bonn 2006.

Zilien, Johann: Politische Bildung in Hessen von 1945 bis 1965. Gestaltung und Entwicklung der politischen Bildung als schulpolitisches Instrument der sozialen Demokratisierung, Frankfurt am Main 1997.

Internet

Aufbruch zur Demokratie. Alltag und politischer Neubeginn in Hessen nach 1945 bearb. von Andreas Hedwig, neu hrsg. von Reinhard Neebe unter Mitarbeit von Bettina Kasan, in: Digitales Archiv Marburg unter: http://www.digam.net/index.php?page=2&id=137.

Lagis – Zeitgeschichte in Hessen unter: https://www.lagis-hessen.de/de/subjects/index/sn/edb.

Bildnachweis

Hessischer Landtag (Archiv), Wiesbaden: 47 unten, 48

Hessische Staatskanzlei, Wiesbaden: 45

Hessisches Landesarchiv/Hessisches Hauptstaatsarchiv Wiesbaden 17 (Abt. 3008/1 Nr. 2883), 29 (Abt. 3008/1 Nr. 2864), 51 unten (Abt. 3008/2 Nr. 18274), 53 (Abt. 3008/48 Nr. 4), 54 (Abt. 3008/2 Nr. 19214)

Hessisches Landesarchiv/Hessisches Staatsarchiv Darmstadt: 7 (R 4 Nr. 706 UF), 47 oben (6 R 4 Nr. 1701), 62 (R 4 Nr. 30668), 63 (R 4 Nr. 707 UF), 65 (R 4 Nr. 29141), 66 (R 4 Nr. 14115), 79 (R 4 Nr. 14113)

Institut für Stadtgeschichte Frankfurt am Main: 2 (S7Z Nr. 1946-13; Kurt Weiner), 22 (S9 Nr. 1-42), 49 unten (S7Z Nr. 1946-44; Fred Kochmann), 51 oben (S7Z Nr. 1946-78; Fred Kochmann), 58 (S9 Nr. 1-428)

Stadtarchiv Bad Nauheim: 56 (Bildbestand Nr. 031/31-34)

Stadtarchiv Bensheim: 8 (Fotograf: Jerry Rutberg)

Stadtarchiv Fulda: 10 unten rechts (Steyer), 12 unten links und rechts, 56 oben rechts

Stadtarchiv Gießen: 10 unten links

Stadtarchiv Kassel: 10 oben (0.004.105; Foto Thieme), 11 unten (E 1 P, Militär- und Kriegswesen; Foto U.S. Army)

Stadtarchiv Rüsselsheim: 52 oben

Haus der Stadtgeschichte Offenbach, Archiv: 56 oben links (O 278)

Historisches Archiv der Stadt Wetzlar: 49 oben

Digitales Archiv Marburg: 19 (http://www.digam.net/?doc=785/Hessisches Hauptstaatsarchiv Wiesbaden)

bpk Berlin: 12 oben (30012181; U.S. Army)

dpa/Picture Alliance, Frankfurt am Main: 43

Opel Automobile GmbH, Rüsselsheim: 52 unten

Archiv Heinz Leiwig, Mainz (†): 11 oben (U.S. Army Signal Corps)

Erwin-Stein-Stiftung: 68, 75

Autor: 44

Der Autor

Prof. Dr. Walter Mühlhausen (geb. 1956 im nordhessischen Eichenberg) war nach dem Studium in Kassel dort von 1983 bis 1986 wissenschaftlicher Mitarbeiter und promovierte 1985 mit einer Studie zur hessischen Nachkriegsgeschichte. Seit 1986 ist er bei der Stiftung Reichspräsident-Friedrich-Ebert-Gedenkstätte in Heidelberg tätig, zunächst als stellvertretender Geschäftsführer, seit Februar 2008 als Geschäftsführer und seit November 2015 zugleich als Mitglied des Vorstands. Nebenberuflich lehrt er als apl. Professor an der Technischen Universität Darmstadt, wo 2006 die Habilitation erfolgte. Er gehört u. a. der „Kommission für Politische und Parlamentarische Geschichte des Landes Hessen" beim Hessischen Landtag an.

Seine Forschungsschwerpunkte sind die Geschichte der Arbeiterbewegung, der Weimarer Republik und vor allem die neuere und neueste Geschichte des Landes Hessen. Zu seinen Veröffentlichungen zählen u. a.: Friedrich Ebert (1871-1925). Reichspräsident der Weimarer Republik (2006; 2. Aufl. 2007); Das große Ganze im Auge behalten. Philipp Scheidemann – Oberbürgermeister von Kassel 1920-1925 (2011); Friedrich Ebert (2018; 3. Aufl. 2021)*; Das Weimar-Experiment. Die erste deutsche Demokratie 1918-1933 (2019)*; Hessen in der Weimarer Republik. Politische Geschichte 1918-1933 (2021)*.

(* erhältlich bei der IILZ)